수도 전통에 따른
렉시오 디비나 I

SUNG-JUN HUR OSB

LECTIO DIVINA IN THE MONASTIC TRADITION I
Reading and Meditation

© 2014 Benedict Press, Waegwan, Korea

수도 전통에 따른 렉시오 디비나 I
2003년 7월 초판
2014년 4월 신정판(8쇄)
2025년 3월 12쇄
지은이 · 허성준 | 펴낸이 · 박현동
펴낸곳 · 성 베네딕도회 왜관수도원 ⓒ 분도출판사
찍은곳 · 분도인쇄소
등록 · 1962년 5월 7일 라15호
04606 서울 중구 장충단로 188(분도출판사 편집부)
39889 경북 칠곡군 왜관읍 관문로 61(분도인쇄소)
분도출판사 · 전화 02-2266-3605 · 팩스 02-2271-3605
분도인쇄소 · 전화 054-970-2400 · 팩스 054-971-0179
www.bundobook.co.kr
ISBN 978-89-419-1409-9 03230

* 신저작권법에 따라 보호를 받는 저작물이므로 무단 전재와 무단 복제를 금합니다.

수도 전통에 따른
렉시오 디비나 I
독서와 묵상
Lectio Divina
Lectio et Meditatio

허성준 지음

분도출판사

들어가는 말(신정판에 부쳐)

최근 교회는 복음화에 대해서 특별히 강조하고 있다. 복음화는 무엇보다도 하느님 말씀을 선포하고 전하는 일이다. 그러나 하느님 말씀을 제대로 알지 못한다면 그 말씀을 다른 사람들에게도 제대로 전해 줄 수 없다. 영성생활의 격언 중에 "Nemo dat quod non habet!"라는 말이 있다. 내가 가지지 못한 것을 결코 남에게 줄 수 없다는 뜻이다. 사랑도 내가 먼저 체험하여 알고 있어야 다른 사람들에게도 그 사랑을 제대로 전해 줄 수 있다. 하느님 말씀에 대한 참된 기쁨도 내가 먼저 맛보고 체험해 보아야 그것을 진실로 남에게 힘 있게 전해 줄 수 있다.

오늘날 많은 그리스도인이 하느님에 대해서 이런저런 말을 하면서도 정작 성경을 가까이하지 않는다는 사실은 매우 충격적이다. 바로 이런 이유 때문에 하느님의 말씀은 우리에게 아무런 힘이 되지 못하고 죽은 문자로 퇴색해 버리고 만다. 우리가 하느님의 말씀을 매일 먹고 마시지 않는다면, 그 말씀은 우리 안에서 결코 인격화·내면화될 수 없다. 이 때문에 수도승 생활에서는 언제나 성경이 강조되었다. 성경은 바로 수도승 생활의 중심이며 핵심이었다. 그래서 고대의 수도자들은 성경을 온 마음으로 읽고 맛 들였으며, 그 말씀에 따라 열정적으로 자신들의 온 삶을 투신하여 살다 갔다.

하느님 말씀에 대해 단순하게 다가간 고대 수도자들의 뜨거운 열정과 독특한 렉시오 디비나 수행 방법이, 말씀과 일상의 삶이 분리되어 살아가고 있는 현대의 그리스도인들에게 크게 도움이 되리라고 본다. 특별히 이 점에 대해서, 이미 고인이 되신 요한 바오로 2세 교황님은 복음화의 강력한 수단으로서, 고대의 중요한 수행이었던 렉시오 디비나(the ancient practice of Lectio Divina)의 전통을 강조하였다. 베네딕도 16세 교황님 역시 고대의 렉시오 디비나 수행이 교회에 새로운 영적 봄을 가져오게 되리라고 확신하였다. 이것은 현대에 소개되고 있는 개인적인 성경 접근 방법으로서의 렉시오 디비나와는 근본적으로 다른 것으로, 고대의 수도 전통 안에서 전해져 온 중요한 수행이었다.

본인은 이 한 주제를 20여 년 넘게 연구하고 수행해 오면서 고대의 수도승들이 전해 준, 말씀에 대한 렉시오 디비나 수행에 더 깊이 매료되었다. 동시에 이러한 말씀 수행을 통해서 많은 것을 깨닫게 되었고, 그 깨달은 바를 오랫동안 다양한 사람들과 나누어 왔다.

성경에 대한 중요성을 직시하면서, 수도 전통 안에서 훌륭히 꽃피었던 렉시오 디비나 수행에 대하여 이 책에서 소개하고자 한다. 먼저 렉시오 디비나가 어떠한 경로로 수도 전통 안으로 들어와서 꽃피게 되었는지 살펴본 후에, 렉시오 디비나를 위한 중요한 문헌인 귀고 2세의 문헌을 고찰하려 한다. 그리고 귀고 2세가 언급한 영적 사다리의 4단계(독서, 묵상, 기도, 관상) 중에서, 인간의 능동적 측면이 많이 강조되는 부분인 독서와 묵상(반추기도)에 대해서 구체적으로 살펴볼 것이다. 인간의 수동적 측면이 더 크게 강조되는 신비적 차원인 기도와 관상의 단계는 나의 다음 책 『수도 전통에 따른 렉시오 디비나 II』에서 자세히 설명하고 있으니 참조하기 바란다.

다음으로 현대의 다양한 수도승 기도 운동들에 대해서 살펴본 후에, 마지막으로 렉시오 디비나의 구체적인 실천 방법을 제시하고자 한다.

나의 이러한 작은 작업이 어느덧 8쇄를 앞두고 새로이 단장하게 되었다니 개인적으로 독자들에게 고마운 마음을 표한다. 아무쪼록 영적 갈증을 느끼는 많은 분들에게 이 책이 전통적인 렉시오 디비나에 대한 길잡이가 되기를 바라며, 동시에 성경 안에서 살아 계신 참된 하느님을 만나는 계기가 되었으면 한다. 끝으로 이 책이 나오기까지 여러 가지 격려와 조언을 아끼지 않은 모든 분들에게도 깊이 감사드린다.

2014년 예수 부활 대축일에
허성준 가브리엘 신부 OSB

□ 차 례 □

들어가는 말 _ 5
약어 _ 12

1장 렉시오 디비나에 대한 일반적 고찰
1. 용어 _ 15
2. 개념 _ 17
3. 자료 _ 18
4. 필요성 _ 20
5. 몇 가지 원칙 _ 21
6. 교회의 가르침 _ 24

2장 렉시오 디비나에 대한 역사적 고찰
1. 렉시오 디비나의 기원 _ 31
2. 초대교회 _ 32
3. 교부들 _ 33
4. 은수자들 _ 36
5. 회수도자들 _ 38
6. 성 베네딕도 _ 41
7. 클뤼니 수도원 이전 _ 42
8. 클뤼니 수도원 이후 _ 44
9. 근대 이후의 위기와 재발견 _ 47

3장 렉시오 디비나와 귀고 2세

    1. 영적 사다리의 이미지 _ 51
    2. 귀고 2세의 영적 사다리 _ 52
    3. 각 단계들의 관계 _ 56

4장 수도 전통에 따른 독서

    1. 독서의 방법 _ 63
    2. 귀고 2세의 독서 개념 _ 66
    3. 수도 전통에서의 독서 _ 67
    4. 독서의 발전 _ 82
    5. 독서의 목표와 효과 _ 87
    6. 독서의 조건 _ 91

5장 수도 전통에 따른 묵상: '반추기도'

    1. 귀고 2세의 묵상 개념 _ 101
    2. 수도 전통에서의 단순한 묵상 _ 102
    3. 반추기도 _ 107
    4. 반추기도와 화두 _ 112
    5. 반추기도와 분심·잡념 _ 117
    6. 반추기도의 목표와 효과 _ 121
    7. 반추기도의 조건 _ 124

6장 현대의 다양한 기도 운동들
    1. 수도승 기도 운동 _ 129
       1) 구심기도 _ 129
       2) 그리스도교 묵상 _ 131
       3) 예수기도 _ 133
    2. 반추기도와의 비교 _ 137

7장 렉시오 디비나의 방법
    1. 개인 독서 _ 143
    2. 공동 독서 _ 153
    3. 반추기도 _ 155

    맺는말 _ 161

부록 1 귀고 2세 『수도승의 사다리』 _ 163
부록 2 렉시오 디비나를 위한 주제별 성구 _ 185

    주 _ 195
    참고문헌 _ 209

약어

ABR	*American Benedictine Review*
A.I.M.	*Alliance International Monasticism*
CF	Cistercian Fathers Series
CS	Cistercian Studies Series
MS	*Monastic Studies*
RB	*Regula Benedicti*;『베네딕도 규칙서』
RM	*Regula Magistri*;『스승의 규칙서』
RFR	*Review For Religious*
RCV	*Regula Caesarii Virginum*
RIVP	*Regula Quattuor Patrum*
RO	*Regula Orientalis*
3RP	*Tertia Regula Patrum*
Praec.	*Praecepta*;『파코미우스 규칙서』
N	*Apophthegmata*; 익명의 사람들의 이야기 모음집
계시	「계시헌장」
교회	「교회에 관한 교의헌장」
사제	「사제 직무와 생활에 관한 교령」
수도	「수도생활의 쇄신 적응에 관한 교령」
평신	「평신도 사도직에 관한 교령」

1 렉시오 디비나에 대한 일반적 고찰

1. 용어

수도 전통에서 렉시오 디비나는 수도승¹들의 중요한 수행 중 하나였으나, 유감스럽게도 오늘날 그 본래 의미가 많이 퇴색되어 가는 것 같아 매우 안타깝다. 여러 이유가 있겠지만, 무엇보다도 라틴어 Lectio Divina를 현대어로 번역하면서 문제가 발생한다. 렉시오 디비나는 영어로는 주로 Spiritual Reading으로, 그 외에 Holy Reading, Prayerful Reading, Sacred Reading, Meditative Reading 등으로 번역되어 사용되고 있다. 한국어로는 영적 독서, 거룩한 독서, 신적 독서, 성독聖讀 등으로 번역된다. 그러나 이러한 모든 역어는 라틴어 Lectio Divina가 지닌 본래의 풍부한 의미를 정확히 전해 주는 데는 한계가 있다. 심지어 어떤 역어들은 그 본래 의미를 벗어나 다른 의미를 드러내기도 한다. 가령 Lectio Divina의 영어 번역 Spiritual Reading이나, 우리에게 익숙한 한국어 '영적 독서'는 본래의 의미를 제대로 드러내 주고 있지 않음에도 많은 사람에게 널리 알려져 있다. 사실 Spiritual Reading 개념이 가진 한계성 때문에 Lectio Divina와 Spiritual Reading은 비슷하다고 볼 수 없다. 이러한 번역 때문에 다음과 같은 부정적 문제점들이 드러나게 되었다. 첫째, 그리스도인들에게 하느님 말씀에 대한 중요한 신앙 의식이 점차로 희박해졌다. 둘째, 성경이 렉시오 디비나에서 근본적인 것임에도, 오늘날에는 영적 독서가 너무 흔하고 또 광범위한 대상물을 함축하고 있기 때문에, 성경의 중요성이 많이 퇴색해 버렸다. 심지어 성경이 여러 영성 서적 가운데 하나로 간주되기까지 하는 실정이다. 셋째, 그 결과 그리스도인들은 지연히 성경과 묵상을 소홀히 하게 되었다.²

실제로 현대에 많은 수도회가 저마다 영적 독서의 시간을 가지고 있지만, 이 시간에 하느님의 말씀 자체인 성경을 읽고 맛 들이는 렉시오 디비나 수행을 권하는 수도회는 그리 많지 않은 것 같다. 이로 인해서 우리는 영적 독서 시간에 성경 외의 다양한 책을 넘나들거나, 영성생활에 전혀 도움이 되지 않는 서적들이나 잡지들을 훔쳐보고 싶은 유혹을 더 크게 받고 있다. 심지어는 무료함이나 지루함을 피하고자 아예 그 시간 동안 다른 일에 더 깊이 몰입하려는 경향도 있다. 이렇게 수도 전통에서 독특한 수행으로 꽃피었던 렉시오 디비나의 본래 의미는 현대에 오면서 그 의미가 많이 퇴색되어 전해지고 있다.

이 외에 다른 번역어들도 사용되고 있지만, 한결같이 렉시오 디비나 본래 의미를 제대로 드러내는 데는 한계가 있다. 그럼에도 굳이 Lectio Divina를 우리말로 옮긴다면, '성독'이라는 용어가 본 의미를 가장 잘 드러내 준다고 생각한다. 여기에는 다음과 같은 이유가 있다. 첫째는 성독을 한자로 옮기면 聖讀이 되는데, 그 자체로 '성스러운 독서'라는 의미를 지니고 있기 때문이다. 둘째는 '성경 독서'의 줄임말인 '성독'의 의미를 함축하고 있기 때문이다. 셋째는 소리 내어 읽는 독서인 성독聲讀이기 때문이다. 넷째는 성독이 성령에 의한 독서라는 의미를 함축하고 있기 때문이다. 이것은 오래전부터 필자가 사용해 오던 용어로, 아직까지 이보다 더 적합한 우리말 역어를 접하지 못했다. 성독이란 단어의 뉘앙스와 그 단어의 한자어가 함축하는 깊은 의미가 고대 수도 전통에서 그토록 강조되었던 성경의 중요성과 깊은 관련이 있기 때문이다. 그 때문에 필자는 렉시오 디비나를 "성독"과 혼용한다.

그러면 성독과 성경 독서의 차이는 무엇인가? 라틴어 Lectio Divina를 성독이라고 번역했는데, 이 둘은 정확히 똑같다고는 할 수 없지만, 어느 정도 비슷한 의미와 뉘앙스를 지니고 있다. 성경 독서란 말은 귀고 2세가 언급한 영적 사다리의 4단계(독서-묵상-기도-관상) 중 첫 단계에 초점을 맞추고 있는 반면, 성독은 위의 4단계를 모두 포괄하고 있는 말로서 성경 독서보다 그 외연外延이 훨씬 넓다고 볼 수 있다.

이제 렉시오 디비나의 본래 의미를 간략히 살펴보자. 라틴어 lectio는 legere란 동사의 명사형이다. legere는 '모으다', '필요한 것을 선택하다', '눈으로 모아들이다'란 뜻인데, 특히 기록된 본문을 눈으로 훑어본다는 뜻이 있다. 이를 근거로 암브로스 와튼A. Watten은 lectio의 두 가지 의미를 이렇게 설명했다. 즉, lectio의 능동적 의미는 '모으다', '집중하다'인데, 그 후 차차 뜻이 변해 lectio 자체가 독서의 내용과 대상을 뜻하게 되었다는 것이다.³ 전통적으로 수도생활사에서 lectio는 독서의 대상·방법·목적 때문에 divina — '하느님의', '신성한', '신적인', '천주의' — 일 수 있었다.⁴ 이렇듯 렉시오 디비나는 용어 자체가 드러내듯이, 세속적 독서나 학문적 탐구, 신심 서적이나 교리적인 독서와는 전혀 다른, 그 이상의 의미를 내포하고 있다.

2. 개념

초기 수도자들에게 렉시오 디비나는 영성생활의 원천이었고, 그들을 하느님께 인도하는 훌륭한 안내자였다. 그것은 살아 계신 하느님과의 진정한 내적 만남을 가능케 하는 중요한 수행이었다. 여기서 렉시오가 독서하는 인간의 능동적인 활동을 함축하고 있다면, 디비나는 그 독서 자체가 자연적인 자원이 아니라, 이미 초사연적인 활동임을 분명히 드러내 주고 있다. 다시 말해서 수도자는 하느님의 말씀을 렉시오 디비나하면서 자연스럽게 인간에게 건네시는 하느님 말씀의 신비를 은총을 통하여 마음으로 이해하는 동시에 그 말씀에 응답하게 된다. 그러므로 렉시오 디비나는 인간적인 활동인 동시에 성령에 의한 초자연적인 활동인 것이다.[5]

렉시오 디비나는 철학적·신학적 학문 연구나 주석, 또는 세속적 독서와는 근본적으로 다르다. 이것이 의도하는 것은 단순하고 정감적인 마음으로 성경을 읽고 맛 들임으로써 궁극적으로 하느님과의 관상적인 일치로 나아가고자 함에 있다.[6] 즉, 하느님의 은총과 성령의 인도하심에 따라 단순하고 순수한 열정을 지니고 자신의 전 존재로 하느님의 말씀을 마음으로 읽고 들으며 그분의 현존 안에 깊이 머물고자 하는 것이다. 이러한 렉시오 디비나는 어떤 부수적인 수행이 아니라, 수도자들을 궁극 목표로 직접 인도하는 수행이었기에 수도 전통에서는 언제나 특별한 위치를 차지해 왔다. 물론 이것은 각 시대와 상황에 따라 늘 새롭게 재조명되어야 할 것이다.[7] 왜냐하면 고대 수도자들이 살았던 당시 상황과 지금 상황은 많이 달라서, 그들의 수행 방법을 현대인에게 똑같이 적용할 수는 없기 때문이다.

3. 자료

요즘은 렉시오 디비나를 위한 자료가 너무 다양하고 많아서, 상대적으로 성경을 소홀히 하는 경향이 없지 않다. 그러나 초기 그리스도인들과 교부들, 수도 전통에서는 한결같이 성경의 중요성을 강조했다. 초기 그리스도인 삶의 중심에는 늘 하느님의 말씀이 있었으며, 교부들은 한결같이 전 구원사의 관점에서 성경을 이해하고 해석했다. 수도 전통에서 성경은 언제나 탁월한 위치를 차지했다. 특히 수도승 생활[8]에서 하느님의 말씀은 그들을 자극했고, 그들의 온 삶을 지배했다. 이집트 수도생활에서 성경이 엄청난 권위를 지니고 언제나 핵심적 위치를 차지했음을 입증하는 문헌들도 많다.[9] 수도 전통은 언제나 렉시오 디비나의 일차 자료로 성경을 강조했다. 비록 사막 수도자들이 독서에 어느 정도 부정적 시각을 가지기는 했지만, 성경 독서의 중요성은 결코 약화되지 않았다.[10] 수도자들은 렉시오 디비나를 통해 하느님 말씀을 읽는 데 온 힘을 기울이고, 말씀에 귀 기울임으로써 수도생활을 더욱 풍요롭게 할 수 있었다. 성경은 그들 삶의 원천이었고 마르지 않는 샘물이었다. 중세의 수도생활에서도 성경은 중요했다. 마지막 교부로 알려진 클레르보의 베르나르두스 성인 St. Bernardus (1090~1153)은 성경이 그리스도의 신비를 직접 드러낸다고 보았기 때문에, 무엇보다 성경 독서와 묵상에서 풍부한 영적 가르침을 얻어야 한다고 강조했다.[11]

그러나 인쇄술의 발달로 수많은 영성 서적이 쏟아져 나오고, 영성가들이 저마다 다양한 영성 서적을 추천함에 따라 불행히도 수도자들은 렉시오 디비나 시간에 성경 아닌 덜 영성적인 책들을 읽게 되었다. 사실 중세 수도원에서는 사순절 독서용으로 성경 아닌 다양한 작품이 수도자에게 읽혀졌다.[12] 그러나 성경은 결코 다양한 묵상 자료 중의 일부여서는 안 된다. 성경은 바로 하느님의 말씀 자체로서 시대를 초월하여 모든 그리스도인 삶의 중심이 되어야 한다. 시간이 지나면서 렉시오 디비나 자료로 성경 외에 다른 영성 서적들이 포함되기는 했지만, 그래도 수도자들에게 렉시오 디비나의 일차 자료는 언제나 성경이었음을 간과해서는 안 된다.[13] 우리가 고대 그리스도인들이나 수도 전통에서 그토록 강조되었던 성경의 중요성을 인식하여 렉시오 디비나에 충실했더라면, 우리의 영성생활은 지금보다 더 충만한 열매를 맺었을 것이라 생각된다.

현대에 여러 성경 묵상서를 통해 우리에게 친근한 마르티니 추기경 역시 성경을 예수 그리스도의 진실한 현존으로 강조했다. 성경을 읽고 묵상하지 않으면 그리스도를 알 수 없고 그분을 느낄 수도 없다는 말이다. 이런 상태에서 우리의 내적 삶은 결코 힘을 얻지 못하고, 잦은 봉사 활동도 참된 열매를 기대할 수 없다. 더욱이 요즈음 기승을 부리는 다양한 신흥종교에 쉽게 현혹될 수도 있다. 우리 그리스도인들의 삶은 성경에 깊이 뿌리내려야 한다. 즉, 성경을 통해 하느님 안에 깊이 뿌리내릴 때 우리의 삶이 흔들리지 않고 풍요로워질 수 있을 것이다. 하느님 안에 뿌리내리는 가장 안전한 수단이 성경 말씀이라면, 이에 대한 렉시오 디비나 수행이야말로 우리를 새로운 차원으로 이끌어 갈 것이다. 개인이나 공동체가 성경을 읽고 묵상할 때, 하느님은 성경 말씀을 통해 '지금, 여기'Hic et Nunc에서 우리 각자에게 새롭게 말씀을 선포하신다. 성경은 하느님이 우리 모두에게 보내는 사랑 지극한 메시지다. 그러므로 하느님 말씀인 성경을 가까이하고, 그것을 읽고 맛 들임으로써 하느님 말씀 안에 깊게 뿌리내리는 렉시오 디비나 수행은, 우리 영성생활을 더욱 풍요롭게 할 것임에 틀림없다.

4. 필요성

하느님께 대한 무지와 성경에 대한 몰이해는 그리스도인이라는 우리의 정체성을 약화시킨다. 그러므로 우리는 끊임없이 그분의 말씀을 읽고 마음 깊이 받아들여 그분을 닮고 마침내 그분과 하나 되어야 한다. 우리는 매일 성경을 읽고 묵상해야 한다. 이를 위해 수도 전통이 전하는 독특한 방법이 바로 렉시오 디비나 수행이다. 이것은 지적·비판적 접근 방법이 아니라, 단순하고 순수한 마음으로 성경을 읽고 맛 들이는 수행법이다.[14] 이렇게 함으로써 하느님의 말씀은 우리 마음 깊숙이 스며들어 우리의 내적 생활을 풍요롭게 한다. 우리는 렉시오 디비나를 통해 하느님의 심오한 신비와 위대한 지향으로 인도되며, 좁은 시야와 현세적 근심·걱정에서 자유로워지고, 영적 빈곤은 풍요로 탈바꿈한다.[15] 규칙적인 매일의 렉시오 디비나를 통해 하느님 말씀이 각자 안에 '육화'Incarnatio되고 내면화될 때, 우리는 좀 더 변화된 모습으로 세상을 바라보고 살아가게 된다. 그때 우리는 진리 자체이신 그분을 진실로 사랑할 수 있고 그분을 위해서 우리의 온 삶을 온전히 불태우고자 하는 강한 마음을 가진다.[16] 이런 뜻에서 렉시오 디비나는 모든 그리스도인의 영성생활에 큰 도움을 줄 것이다.

5. 몇 가지 원칙[17]

렉시오 디비나 수행에서 고려해야 할 몇 가지 원칙은 다음과 같다.

1) 순수한 마음을 지녀라: 렉시오 디비나는 여타의 독서와는 다르다. 이지적理智的으로 분석·비판하지 말고, 순수하고 깨끗한 마음으로 임하라. 주님은 순수한 마음 안에 당신을 온전히 드러내시므로(마태 5,8 참조).

2) 적합한 자료를 선택하라: 적절하지 못한 렉시오 디비니 자료의

선택은 오히려 영성생활에 걸림돌이 될 수가 있다. 그러므로 가장 적합한 자료를 선택하는 것이 매우 중요하다. 모든 자료 중에서 가장 으뜸은 바로 하느님의 말씀인 성경이다.

  3) 고요한 시간과 장소를 확보하라: 렉시오 디비나를 할 때 시끄럽고 번잡한 시간과 장소는 가능하면 피해야 한다. 이런 기본적인 사안들을 무시할 경우, 하느님 말씀의 심오한 의미를 깨닫는 데 여러 어려움이 따를 수 있다. 그래서 가능하면 남에게 방해받지 않는 고요한 시간과 장소를 확보하는 것이 좋다.

  4) 전 존재로서 읽어라: 고대나 중세 수도자들은 성경을 단순히 눈으로만이 아니라, 입으로 작게 소리 내어 읽고, 귀로 들으며, 그리고 마음으로 배웠다. 오늘날 이런 모습이 많이 사라지긴 했지만, 인간 전 존재로 성경을 읽고 듣는다면 하느님 말씀의 심오한 신비를 더욱 잘 깨닫게 될 것이다. 따라서 렉시오 디비나를 할 때에는 언제나 열린 마음으로, 자신의 전 존재로 말씀을 읽고 들어야 한다.

  5) 성경 말씀에 집중하라: 주어진 본문에 온전히 집중하지 못하는 것도 렉시오 디비나의 참맛을 잃게 할 수 있다. 이때의 집중은 마음으로뿐 아니라 온몸으로도 하는 집중을 의미한다. 말씀에 온전히 집중하여 렉시오 디비나를 할 때, 하느님 말씀이 우리 내면 깊숙이 스며들어 우리는 하느님의 은총을 새롭게 체험하게 되고, 마침내 하느님의 신비로 나아가게 된다. 그러므로 렉시오 디비나 시간에는 다른 일체의 것들로부터 벗어나 오직 하느님 말씀에 전념할 수 있도록 노력해야 한다. 수도 전통에서 렉시오 디비나는 영적 수행이었음을 상기하라.

  6) 성령께 도움을 청하라: 렉시오 디비나를 하면서 하느님의 말씀

을 이지적으로만 이해하려 하거나 그 말씀 자체에 어떤 저항이나 거부감을 가지게 될 때도 참된 렉시오 디비나를 하기 어렵다. 이런 때일수록 더욱 단순한 마음으로 하느님의 도움을 청하는 겸손한 마음이 필요하다. 하느님 말씀의 심오한 뜻을 밝혀 주시는 분은 성령이시다. 그분은 우리를 진리로 인도할 사명을 가지고 계시다(요한 16,13 참조). 그러므로 그분의 도움 없이 우리는 아무것도 할 수 없음을 솔직히 인정하고, 렉시오 디비나를 할 때 항상 그분께 도움을 청하는 겸손한 마음을 지녀라.

7) 항구하라: 렉시오 디비나는 인스턴트 식품처럼 금세 효과를 내는 것이 아니다. 그것은 시간이 지나면서 서서히 배어드는 먹물과 같다. 그러므로 꾸준히 해야 한다. 우리가 육체를 위해 매일 규칙적으로 식사하듯이, 영혼을 위해서도 같은 충실성이 필요하다. 우리가 하느님 말씀과 끊임없는 친교를 가지지 못한다면 결코 하느님의 참된 자녀가 될 수 없으며, 우리의 사도직 활동 역시 불가능하게 될지도 모른다. 왜냐하면 "어느 누구도 자신이 가지지 않은 것을 결코 남에게 줄 수 없다"(Nemo dat quod non habet)는 영성생활의 금언 때문이다. 렉시오 디비나를 하면서 때로 무미건조함을 체험할 수도 있는데, 이때도 하느님께 대한 신뢰를 저버리지 말고 꾸준히 렉시오 디비나를 행함이 중요하다.

8) 여유를 가져라: 렉시오 디비나는 서둘거나 긴장하지 말고, 고요하고 평화롭게 행해야 한다. 조급하거나 시간을 낭비했다는 아쉬움 없이 단순한 마음으로 꾸준히 행함이 렉시오 디비나의 참모습이다. 성급함은 계시된 하느님의 신비로 접근하려는 우리를 방해할 수 있다. 그러므로 렉시오 디비나를 할 때는 조급함 없이 여유를 가지고

기도하는 마음으로 꾸준히 행하는 것이 좋다. 그리고 많은 양을 읽으려고 욕심 부리거나 한 책을 정해진 시간까지 다 끝내려고 과욕을 부려서도 안 된다. 또 어떤 부분을 완전히 다 읽기도 전에 다른 부분을 읽으려는 유혹에 빠져서도 안 된다. 중요한 것은 빠르고 많이 읽는 것이 아니라, 말씀을 온전히 받아들이는 것이다.

9) 성경을 자주 읽고 되뇌어라: 성경 독서 중에 특별히 어떤 본문이 마음에 와 닿으면 그것을 기억 속에 채워 넣고 계속 되뇔 필요가 있다. 사실 옛 수도자들에게 묵상(meditatio)은 오늘날과 같이 머리로 숙고하고 반성하는 것이 아니라, 하느님의 말씀을 단순히 반복하고 끊임없이 되뇌는 수행이었다. 이것은 마치 소가 되새김(ruminatio)을 함으로써 음식물을 철저히 자기의 살과 피가 되게 하는 것과 같다. 성경 독서 중에 특별히 마음에 와 닿는 구절이나 문장들이 있다면, 그것을 단순하게 자주 되뇌는 수행을 끊임없이 행하라.

10) 하느님 말씀에 순종의 삶으로 응답하라: 렉시오 디비나는 수양을 위한 수단이 아니다. 이것은 하느님의 초대에 대한 응답이기 때문에, 그분의 주도권을 인정하고 그분이 우리를 인도하시도록 자연스럽게 내맡기며 그분 말씀에 순종해야 한다. 이때 렉시오 디비나는 우리 모든 생활에 풍요로운 결실을 가져다줄 것이다.

6. 교회의 가르침

교회는 초세기부터 오늘날까지 그리스도인들의 삶에 성경이 매우 중요하다는 사실을 늘 강조해 왔다. 특히 제2차 바티칸 공의회는 모든 신자가 그리스도교 생활의 완성과 사랑의 완덕을 실현하도록 불리었음을 강조하고 있는데(교회 40항 참조), 이것은 구체적으로 하느님의 말씀인 성경을 자주 읽고 듣고 묵상함으로써 가능하다.[18] 사실 하느님의 말씀인 성경은 인간의 저술이라기보다는 오히려 하느님의 계시로 이루어진 책이다. 성경은 구원을 얻는 지혜와 진리를 우리에게 가르쳐 주는 동시에 잘못을 책망하고 허물을 고쳐 주며 올바르게 사는 길을 제시해 준다(2티모 3,14-16 참조). 그래서 교회는 '성전'聖傳과 함께 '성경'聖經을 신앙의 최고 규범으로 늘 간직해 왔다. 사실 하느님은 성경을 통해 당신 자녀들을 언제나 친절히 만나 주시고 또 기꺼이 그들과 말씀을 나누시는 분이다. 하느님의 말씀은 교회를 지탱하는 힘이 되었고 그의 자녀들에게는 신앙의 힘과 마음의 양식, 그리고 영성생활의 마르지 않는 샘이 되었다(계시 21항). 그래서 히브리서 저자는 "하느님의 말씀은 살아 있고 힘이 있으며 어떤 쌍날칼보다도 날카롭습니다"(히브 4,12)라고 직관적 체험을 고백하기도 했다. 그리스도인으로서 성경을 떠나서는 온전한 신앙생활을 기대할 수 없으며, 또한 하느님을 만나는 지름길이 있다면 그것은 바로 성경임을 직시할 필요가 있다. 그러므로 매일 하느님의 말씀인 성경을 읽고 들으며 되새기는 노력을 소홀히 해서는 안 된다.

교회의 여러 문헌은 한결같이 하느님 말씀의 중요성을 직시하여, 성경 독서를 강조하고 있다. 「계시헌장」은 모든 그리스도교 신자, 특히 성직자나 수도자들이 예수님께 대한 숭고한 지식인 성경을 자주 읽고 배우도록 강력히 권하면서, 여러 방법으로 성경과 친숙해져야 한다고 강조하고 있다(계시 25항 참조). 「사제 직무와 생활에 관한 교령」에서도 사제는 하느님의 말씀을 전해야 할 교역자이므로 하느님의 말씀을 매일 스스로 읽고 듣고 실천함으로써, 참으로 더 완전한 "주님의 제자"가 되어야 함을 말하고 있다(사제 13항 참조). 사제로서 하느님의 말씀을 가까이하지 않을 때, 사제 생활 중에 심각한 위기가 언제 어느 때 다가올지 모른다. 반면 사제가 하느님의 말씀 안에서 참된 기쁨과 행복을 찾고 맛보면, 그러한 기쁨과 행복은 자연스럽게 신자들에게도 전해지게 된다. 이런 점에서 교회는 특별히 말씀을 선포하는 사제들에게 먼저 스스로 성경을 읽고 들으며 실천할 필요성을 역설한다. 교황 비오 10세도 「사도적 권고」Haerent Animo에서 사제는 매일 주님의 신비를 묵상하고 바오로 사도가 티모테오에게 명하셨듯이 (1티모 4,13 참조) 날마다 성경을 읽어야 한다고 했다.[19] 특히 그는 현대의 성직자 중에 성경 독서나 영성 서적보다는 각종 잡다한 서적이나 신문, 잡지 등을 더 좋아함으로써 교회의 참된 진리에서 벗어나 비뚤어진 길로 미혹되는 자가 있음을 지적했다. 교회는 수도자들에게도, 예수 그리스도의 뛰어난 지식을 얻기 위해 무엇보다 먼저 성경을 매일 손에 잡고 그 말씀을 읽고 묵상해야 한다고 권면한다(수도 6항 참조). 평신도들도 예외가 아니다. 「평신도 사도직에 관한 교령」은 모든 평신도가 자신들을 부르시는 그리스도의 말씀에 귀 기울이고 성령께 기꺼이 응할 수 있어야 한다고 강조한다(평신 33항 참조).

하느님은 당신 말씀인 성경을 통해 '지금, 여기'에서 구체적으로 우리 각자에게 말씀하고 계시다. 그러므로 하느님 백성인 우리 모두는 성령께 마음을 활짝 열고 항구한 인내와 노력으로 렉시오 디비나를 통해 성경을 맛 들이고 음미함으로써 우리의 영적인 삶이 더욱 풍요로워질 수 있도록 해야 한다. 이것은 바로 우리의 구세주이신 그리스도의 가르침이다. 그분은 "내 말을 듣고 나를 보내신 분을 믿는 이는 영생을 얻는다"(요한 5,24)라고 우리에게 약속하셨다. 또한 그분은 하느님의 말씀을 듣고 행하는 사람들이 바로 나의 어머니이며 형제들이라고 분명히 밝히셨다(루카 8,21 참조). 광야에서 40일 동안 기도하실 때 사탄이 다가와서 "돌로 빵을 만들어 보시오"라고 유혹하자, 그분은 단호히 말씀하셨다. "사람은 빵만으로 살지 않고 하느님의 입에서 나오는 모든 말씀으로 산다"(마태 4,4). 결국 그분은 하느님의 말씀으로 사탄을 물리치신다. 우리 그리스도인들은 이런 주님의 모범과 가르침에 따라서 하느님 말씀에 대한 굳은 믿음을 간직하고 말씀 안에서 살아가야 한다. 그때 세상이라는 거대한 바다에서 표류하지 않고 마침내 우리의 궁극 목적지에 도달하게 될 것이다.

2 렉시오 디비나에 대한 역사적 고찰

수도자들의 중요한 수행 가운데 하나였던 렉시오 디비나가 어디서 영향을 받았는지, 그리고 시대와 더불어 어떤 변화 과정을 거치면서 현대에 재발견되었는지 아는 것은 매우 중요하다. 여기서는 그 역사를 통해 렉시오 디비나의 변천 과정을 간단히 살펴보자.

1. 렉시오 디비나의 기원

성경을 경건하게 읽는 것은 초기 그리스도교 이전, 이미 유다 전통 속에 있었다. 고대 이스라엘 백성의 구원 역사에서 하느님의 말씀은 매우 중요했다. 그들은 하느님께서 이스라엘 백성에게 주신 모세의 율법서에 그분께서 살아 계시며 실존하신다고 믿었다. 그래서 공적인 전례에서 하느님 말씀을 자주 읽고 온 마음으로 경청했다. 구약의 느헤미야서는 이렇게 전한다. "온 백성이 일제히 '물 문' 앞 광장에 모여, 율법 학자 에즈라에게 주님께서 이스라엘에게 명령하신 모세의 율법서를 가져오도록 청하였다. 에즈라 사제는 … 회중 앞에 율법서를 가져왔다. … 율법 학자 에즈라는 이 일에 쓰려고 만든 나무 단 위에 섰다. … 에즈라는 하느님의 율법을 번역하고 설명하면서 읽어 주었다. 그래서 백성은 읽어 준 것을 알아들을 수 있었다"(느헤 8,1-8). 이렇게 유다인들은 천상적 양식으로 하느님의 말씀인 율법 안에서 생활했으며, 그 율법은 그들을 양육하고 보호했다. 그래서 자주 회당에 모여 라삐의 성경 독서와 해설에 귀 기울였다.

특히 렉시오 디비나의 근본 요소인 성경 독서·묵상·기도는 유다인들을 하느님과의 깊은 일치로 인도했다. 그들은 말씀을 단순히 듣는 것으로는 충분하지 않다고 여겼다. 세속적인 것들로부터 이탈하여 내적으로 겸손하고 항구하게 하느님 말씀을 읽고 묵상할 필요가 있다고 보았다. 이런 노력은 쿰란 공동체에서 가장 충실하게 이루어졌다. 사해 근처에 있던 쿰란 공동체는 각 구성원들에게 율법을 꾸준히 읽고 묵상하여 계약의 내용과 정신에 따라 충실히 살도록 요구했고, 그들은 토라Torah를 필사하기까지 했다. 아무튼 유다인들은 언제나 성경 말씀을 살아 계신 하느님의 말씀으로 받아들였다. 그래서 성경을 매우 중요시했으며, 겸손한 마음으로 그것을 받아들이고 실천했다. 그들은 하느님 말씀에 대한 존경으로 성경 말씀을 성구 갑에 넣어 머리에 매고 다니거나 옷단에 넣어 다니기도 했다. 회당이나 모임에서는 하느님의 말씀이 장엄하게 선포되었고 모든 이가 온 정성을 다해 그 말씀에 귀 기울였다. 그들은 하느님 말씀에 대한 지극한 공경과 겸손을 삶에서 드러냈다. 이렇게 유다인들은 역사 속에서 언제나 성경 말씀에 대한 독서와 묵상을 본질적인 차원으로 이해했다.[1]

2. 초대교회

하느님 말씀에 대한 독서 · 묵상 · 기도로 이루어진 유다교의 전통적인 방법은 초기 그리스도인들에게도 직 · 간접적으로 영향을 주었다 (2티모 3,14-16; 루카 24,13-35; 사도 8,26-40 참조). 그러나 초대교회는 예수님 자신의 말씀과 모범에서 모든 성경 말씀을 이해하려고 했다. 루카 복음 4장에 의하면, 예수님은 나자렛의 한 회당에서 여느 날처럼 예언자의 책을 건네받아 이사야 예언서 61장 1-2절과 58장 6절을 읽으셨다. 이것은 예수님께서 직접 유다인 회당의 전례적 상황으로 들어가시어, 하느님 말씀에 대한 독서의 의미와 방법을 심화시키셨음을 의미한다. 즉, 그분은 하느님 말씀을 '오늘'로 가져오셨고, 회중은 예수님의 선포로 인해서 그 말씀이 오늘 실현됨을 깨닫게 된 것이다.

부활 사건과 성령강림 후 제자들은 새롭고 놀라운 체험을 통해서 예수님의 기쁜 소식에 초점을 맞추고, 그분의 말씀과 행동에 대한 새로운 이해를 얻게 된다. 그러므로 그리스도교의 기원은 예수님의 기쁜 소식에 대한 사도들의 새로운 체험에 근거한다. 초대교회의 전례에서 하느님 말씀의 중요성은 특별히 강조되었다. 즉, 전례에서 무엇보다 먼저 성경이 읽혀졌으며, 그다음 영적인 주석을 통해 그 말씀의 깊은 의미를 이해하게 되었다.[2] 초대 그리스도교 문헌들을 보면, 실제적으로 렉시오 디비나는 "거룩한 책"(sacra pagina)인 성경과 동등한 의미를 가졌다.[3] 성경에 대한 접근으로서 렉시오 디비나는 하느님의 말씀에 온 주의를 집중하여 읽고, 맛 들이며, 기도하고 실천하는 삶의 전 과정이라 할 수 있다.[4] 사실 초기 그리스도인의 영성은 철저히 그리스도 중심이었기 때문에, 그리스도의 말씀 자체인 성경과 그 말씀을 가르치는 지도자들은 그들에게 매우 중요한 위치를 차지했다. 특히 그리스도를 좀 더 충실히 따르고자 했던 동정녀나 과부들은 엄격한 금욕생활과 공동생활을 하면서 여러 시간경과 기도, 그리고 성경 독서에 많은 시간을 할애했다.[5]

3. 교부들

많은 교부가 성경 독서의 방법을 실천했는데, 이것은 기도와 하느님 체험을 위한 탁월한 길로서 그리스도교 백성 가운데 급속히 확산되었다. 2~3세기에 알렉산드리아 학파는 성경에 대한 독특한 해석, 즉 성경 본문이 제시하는 것 외의 다른 깊은 영적인 의미를 찾는 우의적인 성경 해석을 시도함으로써 후대의 성경 연구에 지대한 영향을 주었다.6 이들은 하느님의 말씀을 항구하고 겸손하게 읽고 맛 들이는 전통을 발전시켜 중요한 업적을 남겼다. 알렉산드리아 학파의 대표적인 인물들 중의 한 사람인 오리게네스Origenes(185~251)에게 로고스*Logos*는 성경을 통해 언제나 역사 안에 현존하시기에 성경은 우리의 영성생활을 돕는 부수적 도구가 아니라 근본적인 것이었다. 그러므로 성경 독서나 묵상은 모든 지혜의 기초이며, 단순히 신심 행위 차원을 넘어서는 의미를 지닌다고 보았다. 어찌 보면 그리스도인들의 영성생활이란 성경을 읽고 이해하고 맛 들여 가는 생활이기도 하다. 오리게네스는 성경에 대한 이런 특별한 사랑을 강조하면서 구체적인 성경 독서의 수행을 설명하는 데 '프로세케인'*proséchein*이라는 동사를 사용했다. 이 동사는 '자기 마음을 돌리다', '주의를 집중하다', '헌신하다', '유의하다' 등의 뜻을 내포한다. 그는 이런 독서가 여타의 진지한 금욕생활의 기초라고 생각했다. 여기에는 특별한 주의 집중 · 항구함 · 기도가 필요하며, 이렇게 함으로써 우리는 조금씩 세상사의 걱정거리로부터 멀어지게 된다. 또 그는 순수한 마음과 수덕적인 마음 없이는 효과적인 독서가 불가능하다고 보았다.7 이런 중요성 때문에 오리게네스로부터 영향 받은 많은 공동체에서는 적어도 아침 시간을 성경을 묵상하는 데 사용했고, 식사 중에도 성경을 읽었으며,8 잠들기 전에는 공동으로 성경을 읽는 관습이 생기게 되었다. 처음에 은수생활을 하다가 후에 콘스탄티노플의 주교가 된 성 요한 크리소스토무스St. Joannes Chrysostomus(347~407) 역시 성경을 하느님이 쓰신 편지라고 생각했는데, 그것은 실로 향기 나는 식물, 흘러넘치는 샘과 같은 것이었다. 그에게 성경은 구원을 위한 조건이기에, 성경에서 유익을 얻지 못하는 사람은 구원받지 못한다고 했다.[9]

한편 서방 라틴 교회에서도 성경 독서는 아주 중요한 위치를 점했는데, 북아프리카 카르타고의 주교 성 치프리아누스St. Cyprianus (200~258)에게는 더욱 그러했다. 그는 성경 독서를 주님의 독서[lectio dominica]라고 표현하면서, 「도나투스에게」라는 편지 제15항에서 독서와 기도를 강조했다. "근면한 기도나 독서가 너의 것이 되도록 하라. 이제 하느님과 함께 말하고 하느님께서 너에게 말씀하시리라."[10] 또한 수도자이면서 성서학자였던 성 히에로니무스St. Hieronymus(347~420)는 "성경을 모르면 그리스도를 결코 알 수 없다"고 말했다. 성경은 바로 그리스도의 몸과 피로서 "천상적인 음식"이기 때문에, 우리는 성경 독서 중에도 그리스도의 몸과 피를 마시게 된다는 것이다.[11] 그러므로 그는 누구든지 성경을 사랑한다면, 지혜도 그를 사랑하고 안전하게 지켜 줄 것이라고 말했다. 그는 성경에 대한 사랑이 수도자들의 유일한 열정이 되어야 함을 늘 강조하면서 렉시오 디비나를 자기 정화의 수단으로 제시하기도 했다.[12] 한편 밀라노의 주교 성 암브로시우스St. Ambrosius(339~397) 역시, 성경은 그리스도의 소리로서 모든 사람의 상처를 치유할 수 있고 교훈을 주기 때문에 우리 모두는 성경을 먹고 마셔야 한다고 말했다.

이렇게 초기 그리스도인들과 교부들은 한결같이 성경의 중요성을 강조했다. 어찌 보면 그들은 성경의 분위기 속에서 호흡하고 살았는지도 모른다. 특히 교부들에게 성경은 생명의 책이었으며, 그들을 하느님과의 친교로 이끄는 가장 확실한 길이었다. 그들은 한결같이 성경 독서를 할 때, 개인적인 관점에서가 아니라 너 넓은 구원사의 관점에서 성경을 읽고 음미하며 직관했다.¹³ 그러나 성경을 이렇게 접근했던 교부 시대 이후, 성경 독서는 그리스도인들로부터 차츰 멀어지지만, 수도 전통은 그것을 받아들여 더욱 훌륭히 꽃피운다.¹⁴

4. 은수자들

초기 수도자들은 삼구三仇, 즉 세속·악마·육체와 싸우기 위해 세상으로부터 물러나 사막의 철저한 고독 속으로 들어갔다. 그들은 성경만이 신적神的 기원을 가진다고 생각했기 때문에, 성경 외의 다른 독서에 대해서는 배타적인 입장을 취했다.¹⁵ 그들은 성경 외의 다른 독서가 내면 생활에 무가치할 뿐 아니라, 해로울 수도 있다고 생각했던 것이다. 그래서 『사막 교부들의 금언집』*Apophthegmata*에는 여타의 독서가 거의 언급되지 않는다. 성경 이외의 독서는 수도생활의 중심이 아니었기 때문이다. 그러나 성경 독서만은 예외였다. 그들은 성경이 내포하는 가르침과 윤리적 교훈들을 배우기 위해서 성경 독서를 받아들이고 인정했다.¹⁶ 그래서 초기 수도자들은 말할 때 자주 성경을 직접 인용하거나, 성경의 가르침을 간접적으로 표현하곤 했다.

4세기 이집트의 그리스도교에서 가장 역동적인 역할을 했던 알렉산드리아 대주교 성 아타나시우스St. Athanasius(300~373)는 성 안토니우스St. Antonius(251~356)가 죽은 이듬해 그의 전기를 썼다. 전기에 따르면, 은수자들의 아버지 성 안토니우스는 수덕생활 초기에 마을 근처에 머물면서 금욕적인 삶을 살았다 한다. 그는 "일하기 싫으면 먹지도 말라"(2테살 3,10)는 성 바오로의 권고에 따라 손수 일해서 빵을 구했으며 나머지는 모두 가난한 이들에게 나누어 주었고, 끊임없는 기도의 수행을 실천했다. 또한 한 구절도 빼지 않고 외울 만큼 성경 말씀을 주의 깊게 읽었는데, 그 기억력은 책을 대신할 정도였다고 한다.[17] 그들이 성경 말씀을 자주 인용한 예들이 『사막 교부들의 금언집』에 나온다. 사막 교부들은 말씀을 요청받을 때, 직·간접적으로 성경에서 그 말씀을 이끌어 내곤 했다. 여기 몇 가지 일화들을 소개한다.

어느 날 이집트의 교부 안토니우스Abba Antonius에게 제자들이 말씀을 청하자 성인이 대답했다. "당신들은 성경의 말씀을 들었습니다. 그 말씀이 당신들의 질문에 대해 잘 말해 주고 있습니다."[18] 제자들이 더 구체적으로 말씀해 주기를 청하자, 그는 마태오 복음 5장 40절의 말씀 ― "누가 네 오른뺨을 치거든 다른 뺨마저 돌려 대어라" ― 을 직접 인용하면서 설명해 주었다. 또 다른 일화가 있다. 누군가 안토니우스 압바에게, 어떻게 하면 하느님을 기쁘게 해 드릴 수 있는지를 물었다. 그러자 그는 구체적인 방법 셋을 들었다. 첫째, 당신의 눈앞에 계신 하느님을 항상 기억하라. 둘째, 당신이 무슨 일을 하든지 성경의 가르침대로 행하라. 셋째, 당신이 어디에 살든지 그곳을 쉽게 떠나지 말라. 이 세 가지 권고를 충실히 지킨다면 당신은 구원될 것이라고 말하였다.[19] 이렇게 특별히 제시한 방법 가운데 둘째가 바로 무슨 일을 하든지 항상 성경을 읽고 묵상하며 그 가르침을 따라 살아야 한다는 것이었다. 팔레스타인 은수생활의 창시자 힐라리온 압바 Abba Hilarion(291~371)도 마음으로 성경을 읽고 배웠다(Vita St. Hilarionis, 10).[20] 그의 제자로서 이집트에서 수도생활을 했던 키프로스Cyprus의 주교 에피파니우스Epiphanius(315~403)는 성경에 대한 무지를 깊은 심연에 비유했다.[21] 안토니우스 압바의 제자로, 니트리아Nitria에서 은수생활을 했던 크로니우스Cronius(285~386)에게 어떤 형제가 찾아와 말씀을 청했다. 그는 즉시 열왕기 하권 4장의 엘리사와 수넴 여인의 이야기를 들려주면서, 영적으로 깨어 있는 영혼은 수넴 여인의 경우처럼 하느님의 영이 그 안에 머문다는 사실을 깨우쳐 주었다.[22] 이집트의 스케티스Scetis에서 오랫동안 은수생활을 하다가, 안토니우스 성인이 머물렀던 산에서 72년 동안 살았던 시소에스 압바Abba Sisoes는 말씀을 청하는 제자에게 그저 자신의 끊임없는 성경 독서 수행만을 언급할 뿐이었다.[23]

초기 은수자들이 성경 본문 전체를 소유하지는 못했을지라도, 그들은 마음 깊은 곳에서 성경을 소유하고, 듣고, 마음으로 배웠다. 그래서 어떤 교부는 성경을 이해하려면 계속 반복하라고 권하기도 했다. 그렇게 하다 보면 언젠가는 그 말씀의 내용을 깨닫게 되기 때문이었다. 이렇게 그들은 독방에서 머리가 아니라 마음으로 성경을 끊임없이 읽고 암송했다. 이들에게 성경 독서는 삶을 인도하는 구체적인 수행이었다.

5. 회수도자들

훗날의 회수도 공동체에서도 성경은 중심적 위치를 차지했다. 그들은 성경 독서가 자신들을 변화시켜 그리스도의 마음과 정신으로 채워 주리라 굳게 믿었다. 그렇게 함으로써 바오로 사도의 말씀처럼 "내가 사는 것이 아니라 그리스도께서 내 안에 사시는 것입니다"(갈라 2,20)라는 높은 단계에까지 이를 수 있다고 믿었다.[24]

회수도생활의 창시자 성 파코미우스St. Pachomius(292~346)는 수도생활에서 늘 성경의 중요성을 강조했다. 파코미우스 성인은 수도원 지원자들에게 수도생활을 배우기 이전에 며칠 문간에 머물면서 주님의 기도와 시편을 배우면서 암기할 것을 요구했다.[25] 글을 모르는 입회자에게는 누구 한 사람을 정해 글을 배우라고 권했다. 이것은 성경을 읽고 배우기 위한 기본적 요구였다. 성경을 읽고 배우려 하지 않는 사람은 수도원에 머물러서는 안 된다고 파코미우스는 힘주어 말했다.[26] 또 그는 어린 수도자들의 교육에 특별한 관심과 배려를 보였다. 하느님이 그들을 창조했으므로, 모든 피조물을 창조하신 하느님께 언제나 끊임없이 찬미드려야 함을 어린 수도자들은 먼저 배워야 한다고 그는 강조했다. 그 후 온 마음으로 하느님의 말씀을 배워야 하며, 그렇게 해야 하느님을 진실로 기쁘게 해 드리는 것이 무엇인지를 알게 된다는 것이다.[27] 한편 파코미우스 공동체의 장상들은 한 주일에 다섯 차례씩 성경을 해설했다. 수요일과 금요일에는 30~40명으로 이루어진 각 집(casa)의 장상이, 토요일과 일요일에는 수도원의 최고 장상이 두 차례씩 성경을 강의했다. 성경에 대한 장상들의 설명을 통해 수도자들은 렉시오 디비나를 할 때 더욱 쉽게 하느님 말씀의 참뜻을 깨달을 수 있었다. 결국 파코미우스의 수도 공동체 '코이노니아' Koinonia에서 성경은 수도자들의 실천적인 규율이었을 뿐만 아니라, 영성생활에 근본적인 영감을 주는 원천이었다. 이것이 삶을 지탱해주었으며 그들을 인도했다.[28] 이 점에서 윌리엄 그레이엄W. Graham은, 성경의 중요성이 파코미우스 규칙서 이후의 동·서방 수도 규칙서들에서는 파코미우스 공동체에서만큼 강조되지 않는 데 대해 놀라움을 표시했다.[29]

카파도키아의 3대 교부 중 한 분으로서 처음에 수도생활을 하다가 나중에 카이사리아의 주교가 된 성 바실리우스St. Basilius(329~379)는 성경이 생활에 조언을 주고 축복받는 삶의 길을 제시하기 때문에(에페 2,4 참조) 성경 독서를 하느님을 발견하는 중요한 수단으로 보았다. 그러므로 그는 누구든지 성경에서 하느님을 발견하고 도움을 받으려면, 그 안에 철저히 머물면서 하느님의 말씀을 자기 것으로 만들어야 한다고 강조했다.[30] 동방 수도 전통을 서방에 알려 준 요한 카시아누스 Joannes Cassianus(365~433)[31]에게도 성경은 매우 중요했다. 『담화집』The Conferences 제14권에서 카시아누스는 '영적 인식'gnosis에 대해 말하는데, 그러한 인식은 말할 것도 없이 모두 성경 말씀에서 나오는 것이다. 그는 그리스도인들의 영성생활 중심에 무엇보다도 성경이 있어야 함을 강조했다.[32] 암브로시우스 성인의 영향으로 마니교에서 그리스도교로 개종한 후, 북아프리카의 타가스테에서 수도생활을 하다가 후에 히포의 주교가 된 성 아우구스티누스St. Augustinus(354~430)는, 성경 독서가 기도의 준비이자 동시에 기도 행위 자체라고 보았다. 왜냐하면 성경 독서 중에 이미 하느님은 우리 각자에게 말씀하시며, 우리는 기도 중에 그분과 이야기하기 때문이다(Sermo 219 참조).[33]

이처럼 수도자들에게 중요시되었던 성경 독서는 이제 펠라기우스 Pelagius(350~425)와 아우구스티누스에 의해서 수도원 일과의 중요한 일부가 되었다. 펠라기우스는 데메트리아스Demetrias에게 보낸 편지에서, 우리는 밤낮으로 주님의 법을 되새겨야(시편 1,2) 하는데, 그러기 위해서는 하루 중 가장 좋은 시간, 예컨대 제3시[34]가 될 때까지 영혼은 매일 영적 싸움으로 자신을 단련시켜야 한다고 말했다. 한편 성 아우구스티누스는 독서를 위한 여유 시간(seposita tempora)을 따로 할애할 필요성에 대해 언급했다.[35] 훗날 주교가 된 아를Arles 수도원의 아빠스 카이사리우스Caesarius(469/70~542)까지 거슬러 올라가는 프랑스-프랑코의 수도 전통은 펠라기우스의 규범을 그때그때 상황에 맞게 적용해 실천했다. 그리고 이탈리아와 스페인 수도원들은 적어도 하루의 중간이나 끝 최소 2~3시간을 성경 독서에 할애했다.[36] 기도와 일과 성경 독서를 큰 축으로 하는 수도자들의 일과표는 이렇게 형성된 것이다.

6. 성 베네딕도

『베네딕도 규칙서』(RB)에는 렉시오 디비나란 용어가 딱 한 번 언급된다(RB 48,1). 그러나 베네딕도St. Benedictus(480~540)는 이전의 수도 규칙서들로부터 여러모로 영향을 받았다. 그 역시 렉시오 디비나를 위해 정해진 시간의 필요성을 직시하여 일과표에 명시했는데, 가령 여름철(부활절부터 10월 1일까지)에는 제1시부터 제4시까지의 노동이 끝나면 제4시부터 제6시까지 렉시오 디비나 수행을 하라고 권한다(RB 48,4). 이때가 하루 중 제일 좋은 시간일 수 있다. 이렇게 베네딕도는 수도자들이 적어도 하루에 2~4시간은 렉시오 디비나 수행을 하도록 배려하고 있다. 그러나 구체적으로 베네딕도회 수도자들이 어떻게 렉시오 디비나 수행을 했는지에 대해서는 명확한 언급이 없지만, 『베네딕도 규칙서』 48장 5절은 우리에게 추측의 실마리를 제공한다. 즉, 형제들은 제6시 기도 후 식사를 마치면 각자 자기 침대에서 완전한 침묵 중에 쉴 수 있지만, 혼자 독서를 하려는 사람은 남에게 방해가 되어서는 안 된다고 한다. 이는 당시의 독서가 천천히 작게 소리 내어 읽는 수행이었으므로, 혹시 그런 수행이 다른 형제들의 수면을 방해할지도 모르기 때문이다.[37] 아무튼 고대나 베네딕도 성인 당시에 수도자들의 독서는 지금처럼 침묵 중에 하는 독서 방법과는 달리 그들이 눈으로

본 것을 작게, 그러나 들릴 만큼 소리 내어 읽었다. 이런 수행이 조용한 시간에 공동 장소에서 행해졌다면, 분명히 다른 사람들을 방해했을 것이다. 그래서 베네딕도회 수도자들은 정해진 시간이나 다른 여유 시간에 혼자 조용히 저만의 렉시오 디비나 수행을 했던 것 같다.

그렇다면 베네딕도회 수도자들은 렉시오 디비나 시간에 무엇을 읽었을까? 베네딕도는 이에 대해서도 명확히 언급하지 않았다. 다만 렉시오 디비나 시간에 주로 성경을 읽었을 것이라는 추측은 가능하다. 그러나 이것이 다른 일체의 책들을 배제했음을 의미하지는 않는다.[38] 성경뿐 아니라 다른 교부의 저서들도 『베네딕도 규칙서』에 제시되고 있기 때문이다. 특히 규칙서 마지막 장에서, 베네딕도는 성경만 아니라 『담화집』, 『제도서』, 『바실리우스 규칙서』 같은 교부들의 작품도 수도자들에게 추천하고 있다(RB 73장). 그러나 수도자들에게는 성경이 핵심이었고, 그들이 수도생활에 도움 되지 않는 책들을 결코 읽지 않았다는 사실에 근거하면, 성경이 렉시오 디비나의 일차 자료였음을 부인할 수 없다. 사실 베네딕도에게 성경은 "하느님의 빛"(Prol. 9), "주님의 소리"(Prol. 19), 혹은 "삶의 가장 올바른 규범"(73,3)으로 중요했다.

7. 클뤼니 수도원 이전

수도자로서 첫 교황이 된 그레고리우스 대교황Gregorius Magnus (540~604)[39]은 교황직을 수행하면서도 수도생활에 대한 이상을 잃지 않았다. 그가 남긴 많은 저술 가운데 이탈리아 성인들에 관한 이야기인 『대화집』(I-IV)[40]은 특히 중요하다. 전 4권 가운데 2권 전체가 베네딕도 성인의 일화를 전한다. 그가 이처럼 베네딕도 성인을 칭송하며 높이 평가한 덕분에 *RB*는 수세기 동안 서방교회 안에서 널리 확산될 수 있었다. 특히 그는 성경 독서의 중요성을 직시하여, "복음적 독서"evangelica lectio라는 표현을 쓰기도 했다(Hom. Eu. 8.1). 아무튼 그 덕분에 서방교회는 렉시오 디비나의 올바른 가치를 직시하고 지속할 수 있었다. 이후 6세기까지 서방 수도 전통에서는 여러 수도 규칙서가 난무했으며(혼합 규칙서 시대), 7세기를 거치면서 『베네딕도 규칙서』와 『콜룸바누스 규칙서』 안에 다른 규칙서들이 점차 흡수·통합되었다. 그러나 콜룸바누스의 『수도승 규칙서』*Regula Monachorum*는 너무 엄격했기 때문에, 콜룸바누스회 수도자들은 수도원 관례가 완화된 유럽의 수도원으로 옮기거나 좀 더 온건한 『베네딕도 규칙서』를 받아들이게 되었다.

768년, 샤를마뉴Charlemagne(742~814)가 즉위하면서 유럽을 평화적으로 통일했을 때, 수도원은 교회의 쇄신과 개혁에 중요한 역할을 담당했다. 그는 수도원의 일치를 위해서 *RB*를 적극 권장했다. 그러나 샤를마뉴가 교회 발전에 크게 공헌했다 하더라도, 그는 교회를 간섭하고 세속화시킨 장본인이기도 했다. 그는 수도원을 정치 구조의 일부로 여기고, 아빠스를 자신이 직접 임명하기도 했다.[41] 샤를마뉴 사후 그의 아들 '경건자' 루이Louis the Pious(814~840)는 부왕의 정책을 계승하여 교회에 각별한 공헌을 했다. 특히 그는 프랑크 제국의 모든 수도원이 단일 지배 체제하에 놓이도록 아니아네의 베네딕도Benedict of Aniane(750~821)에게 권한을 위임, 수도생활의 통합과 쇄신을 주도하게 했다. 아니아네의 베네딕도는 무엇보다 먼저 *RB*의 철저한 규칙 준수를 역설하면서, 수도생활의 모든 외적 요소를 거부하고 성무일도를 더욱 철저히 바칠 것을 강조했다. 그는 816년과 817년 아헨Aachen에서 열린 '수도생활에 관한 교회 회의'에서, 일반 수도자들이 관습과 규칙을 더 철저히 지킬 것을 요구하면서, 수도원 정기 방문을 공표했다. 아니아네의 베네딕도 역시 렉시오 디비나의 중요성을 직시했다. 그러나 그는 렉시오 디비나의 구체적인 자료로, 성경 외에 오리게네스, 성 히에로니무스, 성 아우구스티누스 그리고 그레고리우스 1세 교황과 같은 분들의 저서들에까지 그 폭을 확대했다. 이렇게 중세를 거치면서 렉시오 디비나 자료의 범위는 더 넓어지게 되었다. 아무튼 아니아네의 베네딕도가 아헨 교회 회의에서 RB를 수도생활의 기본 규칙으로 정함으로써, 그 후 클뤼니Cluny 수도원을 거쳐 12세기까지 유럽의 거의 모든 수도자가 베네딕도회 수도자가 되었다.[42]

8. 클뤼니 수도원 이후

카리스마적 인물, 아니아네의 베네딕도가 착수한 쇄신 운동은 그가 죽자 바로 중단되었다. 그러나 그의 쇄신 운동은 10세기 클뤼니 수도원에 의해 부활하게 되었다. 클뤼니 수도원은 『베네딕도 규칙서』의 철저한 준수와 순명, 엄격한 금욕, 전례를 강조하면서 큰 규모의 수도원 제국으로 빠르게 성장했다. 당시 클뤼니 수도자들은 문학, 영성, 그 밖의 여러 분야에서 교회에 큰 공헌을 했다. 사실 그 수도원은 초기에 베르노Abbot Berno(909~927), 오도St. Odo(927~944), 마욜로St. Mayeul(954~994), 오딜로St. Odilo(994~1048), 후고St. Hugh(1049~1109) 같은 성덕과 분별력이 뛰어난 위대한 아빠스들 지도하에 있었기에, 약 200년간 교회 개혁에 가장 큰 영향력을 끼칠 수 있었다.[43] 특히 성 오도 아빠스는, 수도자의 생활은 전례나 렉시오 디비나에서 활력을 얻어야 한다고 강조했다. 이렇듯 클뤼니 수도원에서도 렉시오 디비나를 인정하긴 했지만, 예전보다는 그 중요성이 많이 떨어졌고, 더욱이 렉시오 디비나의 대상이 크게 불어나 성경 주석서, 신학 서적, 교부들의 문헌 그리고 심지어 백과사전까지 포함하게 되었다.[44] 클뤼니는 육체노동을 소홀히 하고 전례를 지나치게 강조함으로써 수도생활의 세 축인 기도 · 일 · 렉시오 디비나의 균형을 반감시켰다. 그들은 너무 제도화된 생활과 거대 조직을 가지고 있었으며, 수도생활의 관상적 측면들을 소홀히 하는 경향이 있었다. 이로 인해 10세기에 교회 쇄신의 상징이었던 클뤼니 수도원은 불과 한 세기 만인 11세기 말에는 아이러니컬하게도 부의 상징이 되어 교회 쇄신의 대상으로 전락했다.[45]

11~12세기에 들어서면서부터 수도 전통에서는 다시 본래의 수도생활로 되돌아가려는 기류가 강하게 형성되어 새로운 수도회들이 속속 탄생하게 된다. 카말돌리회, 카르투시오회, 시토회 등이 대표적인 수도회들이다. 가난과 단순성을 특히 강조하는 시토회는 1098년 몰렘 수도원의 로베르투스Robertus(1028~1111) 아빠스가 *RB*를 더 엄격하게 지키고자 세운 수도회로서, 수도생활에서 기도와 독서 그리고 일의 조화를 회복했으며 성경의 학문적 연구를 철저히 반대했다.[46] 사실 중세 수도 전통은 성경에 대한 지적 · 학문적 접근을 철저히 거부하고 단순한 렉시오 디비나를 통해 온 마음으로 성경을 읽고 묵상하며 직관했다. 대표적으로, 12세기의 시토회는 하느님을 향한 내적 여정의 첫 단계로 독서를 체계화했다. 클레르보의 베르나르두스 성인 역시 성경에 대한 연구보다는 오히려 그 말씀에 자신을 온전히 내맡길 수 있어야 한다고 주장하면서, 렉시오 디비나를 하느님을 만나기

위한 확실한 안내자로 삼았다. 그것은 하느님과의 정감적인 일치를 일으키고 관상을 준비하기에 가장 적합한 것이었다.[47] 그리고 비슷한 시기인 1084년, 성 브루노St. Bruno(1032~1101)는 고대 은수생활의 이상을 추구하며 오직 고독과 침묵 속에서 하느님만을 추구하고자 카르투시오회를 설립했다.[48] 그 회의 9대 원장이었던 귀고 2세Guigo II(†1188)는 『수도승의 사다리』The Ladder of Monks[49]라는 책에서, 수도자들이 하느님과의 높은 일치를 향해 올라가야 할 영적 단계로서 독서(lectio)-묵상(meditatio)-기도(oratio)-관상(contemplatio)을 아주 체계적으로 언급했다. 이것은 수도자들에게 상당히 중요한 수행으로서 오늘날까지 그 명맥을 유지하고 있다. 이 점은 다음 장에서 자세히 살필 것이다. 1993년, 제2차 바티칸 공의회의 정신과 새 교회법에 따라 로마 교황청으로부터 인준받은 카르투시오회의 새 헌장에서는, "수도승은 성경이 자신의 일부분이 될 때까지 끊임없이 그것을 묵상해야 한다"라고 성경의 중요성을 강조한다(제3권 21장). 카말돌리회는 이탈리아 라벤나 귀족의 아들 성 로무알두스St. Romualdus(950~1027)가 1010년에 회수도생활(베네딕도회 수도생활)과 은수생활의 이상을 한 공동체 안에서 실현하고자 세운 수도회이다.[50]

　이렇듯 수도 전통은 언제나 성경에 대한 학문적 독서 방법보다는 마음으로 읽고 맛 들이는 렉시오 디비나 방법을 선호했다. 수도 전통은 늘 지식보다는 지혜를 더 많이 추구했는데, 이는 논리적 귀결보다는 말씀의 신비 속으로 더 깊이 들어가고자 했기 때문이다.[51] 아무튼 중세에 '흑의黑衣의 수도자'라 불리던 베네딕도회 수도자들이나 '백의白衣의 수도자'라 불리던 시토회 수도자들이나 모두 수도생활의 기본적인 영감을 렉시오 디비나로부터 받았다는 것은 분명한 사실이다.

9. 근대 이후의 위기와 재발견

렉시오 디비나는 12~13세기부터 위기를 맞아 쇠퇴하기 시작했다. 이 때부터 여러 탁발 수도회, 즉 가난을 강조했던 프란치스코회나 지성을 강조했던 도미니코회 등이 출현했다. 특히 스콜라 학문의 영향으로 수도자들은 렉시오 디비나 시간에 온 마음으로 성경 말씀을 읽고 되새기며 기도하기보다는, 하느님 말씀에 대한 질의와 논증을 추구하기 시작했다. 그래서 중세 말에 수도승들은 말씀에 대한 스콜라 학문의 논리적 접근을 시도하는 사람들을 비판했으며, 그 이후에 등장하는 추론적 묵상 방법인 이냐시오 묵상법에 대해서는 매우 비판적인 입장을 취했다.[52] 16세기 인문주의자들은 말씀에 대한 자구적·역사적 의미를 탐구하는 비판적·조직적 독서 방법을 소개하기 시작했다.[53] 이 방법은 성경에 대한 새로운 접근 방법으로, 향후 성서학의 발전에 크게 공헌한 것은 사실이다. 그러나 하느님 말씀에 대한 해석·신학·영성·사목이 어우러져 조화를 이루었던 고대의 훌륭한 유산, 말씀의 영적 의미에 대한 총체적이고 조화로운 중세적 접근 방법, 성경을 머리가 아니라 마음으로 읽고 되새김으로써 말씀과 삶이 분리되지 않았던 수도 전통에서의 렉시오 디비나 수행은 사람들에게서 점점 멀어져 갔다. 전통적으로 수도원에서 행해졌던 렉시오 디비나는 시간이 지나면서 점차 그 영향력이 감소되면서 잊혀지게 되었다. 이로써 오늘날 여러 기교적·심리적 영성 방법이 범람하게 되었고, 오랜 세월 수도 전통에서 면면히 전해져 오던 탁월한 수행은 거의 잊혀졌다. 그러다가 제2차 바티칸 공의회를 기점으로 교회 전통 속의 렉시오 디비나를 재발견했고, 현금에 이르러 렉시오 디비나에 대한 글들이 조금씩 소개되고 있는 것은 매우 고무적인 일이다. 하느님 말씀, 영성 그리고 삶이 부조화를 이루는 현대의 많은 그리스도인에게 이런 방법의 재발견은 영적으로 많은 도움이 되리라고 본다.

3 렉시오 디비나와 귀고 2세

수도 전통은 렉시오 디비나를 늘 강조했으며, 이를 통해 수도자들은 하느님 말씀과의 더 깊은 일치로 나아갔다. 수도자들에게 이렇듯 중요한 수행이던 렉시오 디비나에 대한 자료는 유감스럽게도 그리 많지 않다. 다행히 12세기 카르투시오회 원장이던 귀고 2세의 문헌을 통해 우리는 렉시오 디비나에 대한 체계적이고 전체적인 윤곽과 개념을 얻는다. 귀고의 문헌은 렉시오 디비나를 연구하는 데 매우 중요하여, 오늘날 렉시오 디비나에 관계된 많은 글이 한결같이 귀고의 글을 인용한다. 이제 렉시오 디비나에 대한 귀고의 설명을 살펴보고자 한다.

1. 영적 사다리의 이미지

많은 옛 수도 교부는 우리의 영적 여정을 '사다리'에 자주 비유하곤 했다. 가령 성 바실리우스는 시편 1편 주해에서, 성 카시오도루스St. Cassiodorus(485~580)는 시편 119편에서, 그리고 성 히에로니무스는 서간 98,3에서 각각 사다리의 비유를 사용했다. 특히 시나이의 교부였던 성 요한 클리마쿠스St. Joannes Climacus(570~649)는 완덕을 향한 우리의 여정을 『신적 등정의 사다리』The Ladder of Divine Ascent에서 30단계로 된 사다리에 비유했다. 그리고 『스승의 규칙서』나 『베네딕도 규칙서』에서도 겸손을 언급하면서 영적 사다리의 비유를 사용한다(RM 10,6-9; RB 7,5-9 참조). 이런 영적 사다리의 비유는 근원적으로 구약성경으로부터 유래한다. 창세기는 야곱이 베텔이란 곳에서 꿈에 천사들이 지상에서 하늘에 닿는 층계를 오르내리는 것을 보았다고 전한다(창세 28,10-22 참조). 이를 근거로 많은 수도 교부는 우리의 영적 여정을 언급할 때 '영적 사다리'의 이미지를 즐겨 사용했다. 귀고 2세 역시 『수도승의 사다리』란 작품에서 수도자들이 이 지상에서 하느님 나라를 향해 올라가야 할 영적 사다리를 자세히 설명했다.

2. 귀고 2세의 영적 사다리

귀고는 어느 날 일을 하다가 불현듯 영적인 일에 대해 생각하게 되었다. 그는 영적인 수행에서 수도자들이 지상에서 천상으로 올라가는 네 단계의 영적 사다리를 마음에 떠올리게 되었다. 이 영적 사다리의 네 단계는 독서 · 묵상 · 기도 · 관상이다. 이 사다리의 단계들은 얼마 되지 않지만, 그 사다리의 끝은 천상의 신비에 닿아 있기 때문에 상당히 길다.[1] 귀고는 영적 진보를 원하는 자라면 누구든지 이 사다리를 통해 하느님과의 일치로 나아갈 수 있음을 강조했다. 그는 이 영적 사다리의 단계들이 서로 다른 이름과 순서를 가지고 있으며, 그 역할과 특성도 서로 다르다고 설명했다. 귀고는 수도자들이 어떻게 성경 독서의 수행을 통해서 관상에 이르게 되는지를 사다리의 이미지를 사용해서 구체적으로 설명한다.

1) 독서

영적 사다리의 첫 단계인 독서는 영성생활의 초심자들에게 해당되는데 성경에 모든 관심을 집중하여 주의 깊게 하느님의 말씀을 읽고 듣는 단계를 말한다. 그는 이렇게 설명한다.

"행복하여라, 마음이 깨끗한 사람들! 그들은 하느님을 볼 것이다"(마태 5,8)라는 구절을 듣습니다. 이것은 짧은 성경 구절이지만 한없이 감미롭습니다. 이는 영혼을 기르는 여러 감각으로, 마치 입 속에 가득 넣은 포도알과 같습니다. 영혼이 그것을 주의 깊게 검토하면 영혼은 스스로에게 "여기에 좋은 것이 있다"고 말합니다. 이것은 참으로 귀중하고 원할 만한 것이기에 나는 나의 마음으로 돌아가 이 순수한 것을 발견하고 이해하려고 노력할 것입니다.[2]

여기에서 언급되고 있는 독서는 성경 독서를 의미하며, 이것은 영적 사다리의 가장 기본이 되는 첫 단계로서 다음 단계인 묵상에 사용할 주제를 제공한다. 귀고는 이런 단계를 음식의 비유를 들어서 음식을 입에 넣는 것에 비유했다.

2) 묵상

사다리의 둘째 단계인 묵상은 좀 더 진보한 이들의 단계로서 하느님의 말씀 안에 숨은 진리를 깨닫기 위해 적극적으로 인간의 이성과 정신을 사용하는 능동적인 단계를 말한다. 귀고는 성경의 예를 들어 구체적으로 설명한다.

거룩한 사람인 욥이, "젊은 여인에게 눈이 팔려 두리번거리지 않겠노라고 나는 스스로 약속하였네"라고 말했을 때, 묵상은 그가 얼마나 이런 순결을 유지하려 애썼는가를 생각합니다.[3]

묵상은 이런 성경 구절을 대하면서 거룩한 사람인 욥이 어떻게 자신을 보호했는지를 생각하는 것이다. 즉, 먼저 욥이 마음의 순결을 유지하기 위해서 감히 헛된 것들을 보지 않으려고 얼마나 애썼는가를 생각하고, 그리고 장차 그가 얻게 될 무한한 상급이 얼마나 환희에 차고 영광스러운가에 대해 생각하기 시작하는 것이라고 귀고는 설명한다. 이것은 자연스럽게 우리를 다음 단계로 이끈다. 이 단계를 귀고는 입에 넣은 음식을 씹어 분해하는 것이라고 비유했다.

3) 기도

영적 사다리의 셋째 단계인 기도는 좀 더 열심한 사람들, 즉 사랑에 불붙은 자들의 단계로서 마음을 온전히 하느님께로 향하는 단계를 말한다. 이 단계에서는 자기의 인식이 하느님의 말씀으로부터 말씀 자체이신 하느님께로 들어 올려지게 된다. 귀고는 말한다.

> 주님, 나는 당신 얼굴을 뵈옵고자 마음속으로 오래 묵상했습니다. 주님, 저는 당신을 뵙기만을 원했습니다. 묵상 동안 줄곧 갈망의 불꽃이 타올랐고, 당신을 알고 싶은 욕구는 더욱 커졌습니다. 당신이 저를 위해 성경의 빵을 쪼개실 때, 당신은 그 빵의 쪼갬을 통해 당신을 제게 보여 주십니다. 당신을 알수록 문자의 껍질인 외적 양식이 아니라 문자에 숨겨진 참된 의미를 통해 더욱 당신을 갈망하게 됩니다.[4]

이처럼, 기도는 말씀의 심오한 신비를 조금씩 깨닫게 되고 우리 마음이 하느님께로 들어 올려지게 되는 단계를 말한다. 그리하여 그것이 갈망하는 참된 보물인 감미로운 관상을 지향하게 한다. 귀고는 이 단계를 입에 넣은 음식을 씹어 분해한 후 맛을 느끼는 단계라 했다.

4) 관상

사다리의 마지막 단계인 관상은 하느님의 특별한 축복을 받은 이들의 단계다. 여기서 영혼은 자신을 벗어나 하느님께로 높이 올라가 영원한 즐거움과 감미로움을 맛본다. 이것은 천국의 감미로움을 목말라하는 영혼에게 주어지는 하느님의 온전한 선물이다. 이것은 인간의 노력이나 공로로 주어지는 것이 아니라, 오직 하느님의 은총으로서만 가능하다. 이 단계에서 인간적인 말이나 생각은 아무 쓸모가 없다. 단지 하느님이 내 곁에 현존하시며 내가 그분과 함께 머물러 있음을 느낄 뿐이다. 이 깊은 영적 단계를 귀고는 이렇게 설명한다.

> 주님은 갈망하는 영혼이 모든 것을 다 말할 때까지 기다리지 않으시고 기도 중에 개입하시며, 그 영혼을 만나기 위해 서둘러 다가오십니다. 그리고 감미로운 천상 이슬을 뿌리시고, 가장 귀중한 향료로 기름을 바르십니다. 또한 그분은 지친 영혼을 회복시키시고, 목마름과 배고픔을 채워 주십니다. 그분은 영혼으로 하여금 모든 지상적인 것들을 잊게 하십니다. 주님은 영혼으로 하여금 스스로 지상적인 것에 죽게 하심으로써, 그에게 놀라운 방법으로 새 생명을 주시며, 또한 영혼을 취하게 하심으로써 영혼에게 참된 감각을 되찾아 주십니다.[5]

즉, 관상은 하느님의 선물로서 당신을 애타게 갈망하는 영혼에게 그분이 먼저 다가오시어 천상의 감미로움을 채워 주신다. 이때 우리는 지상에서 체험했던 어떤 것과도 비교할 수 없는 천상적 기쁨과 생명을 맛보게 되며, 마침내 그분을 지복직관하는 단계에 이르게 된다. 귀고는 이 단계를 씹어 분해된 음식으로 인해 새로운 기쁨을 주는 감미로움 그 자체라고 비유했다.

귀고는 이런 영적 사다리를 통해 이 지상에서 천상으로 가는 구체적인 길을 제시하고자 했다. 그것은 성경 독서에서 시작되는 영적 여정이다. 렉시오 디비나 수행을 충실히 하면, 우리도 어느 날 그분과의 깊은 일치라는 관상의 높은 경지에 이르게 될 것이다. 이것이 바로 우리 영적 여정의 궁극 목적지다.

3. 각 단계들의 관계

이런 단계들은 함께 긴밀히 연결되어 있어 각각은 다른 것들을 위해서 작용한다. 우리가 아무리 독서를 많이 해도 그것이 묵상으로 심화되지 못한다면 그러한 독서는 쉽게 메마를 수 있으며, 묵상을 아무리 많이 해도 그것이 독서에서 비롯되지 않을 경우에는 오류에 빠지기 쉽다. 또 아무리 기도를 많이 해도 그것이 묵상에서 비롯되지 않을 경우에는 쉽게 냉담해질 수 있다. 묵상이 기도로 심화될 때 자연스럽게 관상의 높은 경지에 이르게 된다. 이런 단계들의 긴밀한 관계에 대해서 귀고는 다음과 같이 요약한다.

> 묵상 없는 독서는 메마르며, 독서 없는 묵상은 오류에 빠지기 쉽습니다. 묵상 없는 기도는 냉담하고, 기도 없는 묵상은 열매를 맺지 못합니다. 기도가 열정적일 때 관상에 이르는 것이지, 기도 없이 관상에 이르는 경우는 거의 없으니 그것은 기적에 가깝습니다.[6]

그러나 이런 단계가 모든 이에게 일률적으로 해당될 수는 없다. 성령은 일정한 틀이 없이 불고 싶은 대로 불기 때문에, 인간적인 지식이나 어떤 고정된 틀로써 하느님을 만날 수가 없기 때문이다. 또한 영적 여정으로서 독서와 묵상, 그리고 기도의 단계는 우리를 점진적으로 더 깊은 내면 세계로 인도하는 데 있어 엄밀한 의미에서 구분될 뿐이지 결코 서로 분리될 수는 없다. 수도자들은 성경 말씀을 읽고 그것에 대해 끊임없이 묵상함으로써 하느님께 귀 기울이고, 기도 중에 하느님께 응답하게 된다. 이에 대해 성 히에로니무스는 "우리가 하느님의 말씀을 들을 때 우리는 그분께 귀 기울이는 것이고 우리가 하느님께 기도할 때 우리는 그분에게 말씀드리는 것"이라고 말했다.[7] 이때 중요한 것은 하느님과 우리 사이의 주도권을 그분께서 온전히 쥐고 계시다는 철저한 신앙의 고백이다. 이런 신앙고백 후에, 우리는 첫 단계로 성경 독서에 임해야 한다.

독서는 묵상에 사용할 자료를 제공해 주며, 묵상은 찾아야 할 바를 더 주의 깊게 숙고하는 것이다. 사실 묵상은 그것을 발견하고 그것이 드러내는 보물을 파헤치는 것이다. 하지만 보물을 꺼내는 것은 묵상의 능력 밖에 있으며 그다음 단계인 기도와 관상에서 가능하다. 기도는 마음이 하느님께로 들어 올려지는 것이며, 기도가 갈망하는 보물, 즉 관상의 감미로움을 청하는 것이다. 관상은 영적 갈증을 느끼는 영혼이 천상적 감미로움이라는 이슬로 흠뻑 취하게 되는 단계이다. 여기서 우리는 이런 사실을 직시하게 된다. 즉, 영적 사다리의 앞 두 단계인 독서와 묵상은 인간의 능동적 측면이 강조되는 반면, 뒷 두 단계인 기도와 관상은 수동적 측면이 강조된다는 것이다. 독서와 묵상이 은총 안에서 인간의 노력에 초점을 맞춘다면, 기도와 관상은 은총 안에서 하느님의 역사하심에 초점을 맞추는 것이다. 영적 사다리의 각 단계는 긴밀히 연결되어 있다. 이런 의미에서 수도자들의 성경 독서는 단순히 읽는 것 자체가 아니라, 언제나 묵상과 기도 그리고 관상을 지향하며 그런 일련의 과정을 함축한다. 우리는 그런 예들을 성경이나 교부들의 문헌에서 자주 발견한다.

부활하신 주님은 엠마오로 걸어가던 두 제자들에게 다가가시어 그들에게 성경의 말씀을 직접 풀이해 주심으로써 그들의 마음을 뜨겁게 하셨다(루카 24,32 참조). 마찬가지로 우리가 온전한 마음으로 성경을 읽을 때, 그분은 우리에게 먼저 다가오시어 우리의 마음을 뜨겁게 하시고 당신 말씀의 신비를 깨닫게 해 주신다. 주님께서 당신 제자들에게 나타나시어 그들의 이해력을 열어 주시고 성경을 깨닫게 해 주셨듯이(루카 24,45 참조) 그분은 우리에게 나타나시어 우리의 이해력을 열어 주시고, 당신 말씀의 참된 의미를 깨닫게 해 주신다. 우리는 파코미우스의 제자였던 테오도루스Theodorus의 예를 통해서 성경 독서가 어떻게 신비 체험을 가능케 하는가를 배운다. 어느 날 테오도루스는 미카 예언서의 어느 부분을 읽고 있었다. 그때 주님의 천사가 나타나서 "벼랑에 쏟아져 내리는 물과 같다"(미카 1,4)의 참된 의미를 알려 준다. 즉, 천사는 그 물이 천국으로부터 떨어짐을 그에게 알려 주었고, 이 말을 마치자마자 천사는 사라졌다.[8] 이와 같이 우리가 성경 독서를 충실히 행하다 보면, 테오도루스의 경우처럼 언젠가 천사나 성령의 도움으로 그 말씀의 깊은 영적 의미를 자연스럽게 깨닫게 된다.

주님은 언제나 우리를 당신과의 일치로 초대하고 계시다. "보라, 내가 문 앞에 서서 두드리고 있다. 누구든지 내 목소리를 듣고 문을 열면 나는 들어가 그와 함께 만찬을 나누고 그도 나와 함께 만찬을 나눌 것이다"(묵시 3,20). 그분은 오늘 당신 말씀을 통해 끊임없이 우리의 문 앞에 서서 문을 두드리고 계시다. 우리가 마음의 문을 열고 하느님의 말씀을 끊임없이 읽고 반추하면서 그분의 목소리를 듣고 기도 안에서 그분께 응답한다면, 주님은 우리 안에 들어오셔서 함께 만찬을 나누실 것이다. 우리는 그분과 더 이상 문이라는 벽 앞에서 분리되지 않고 관상을 통해 하나가 된다. 이렇게 성경 독서는 우리를 하느님과의 일치인 관상으로 자연스럽게 인도한다. 그러므로 우리 모두는 이 영적 사다리로부터 스스로를 분리시키지 않도록 노력해야 한다. 하느님과의 깊은 일치를 바라는 사람은 누구든지 이런 영적 사다리로부터 멀어져서는 안 된다고 귀고는 충고한다.

> 다른 모든 관심사에 마음을 빼앗기지 않고, 언제나 이 사다리 위에 자신의 발을 딛고 서 있는 사람은 복됩니다. 그는 모든 재산을 팔아 오랫동안 감추어져 있던 보물이 묻힌 그 밭을 사는 사람입니다. 그는 그 밖의 모든 것으로부터 자유로워지기를 원하며, 주님이 얼마나 감미로운 분인지 보고 싶어 합니다.[9]

이 영적 사다리로부터 분리되지 않기 위해서는 무엇보다도 먼저 우리의 영성생활에서 하느님의 말씀을 충실히 읽고 묵상하는 노력이 필요하다. 그때 우리의 연약함을 떠받쳐 주시고 우리의 약점들을 어여삐 보아 주시는 그분께서 친히 우리를 찾아오시어 인도하실 것이다. 물론 앞에서 잠시 언급했듯이 이런 단계가 내적 생활에서 반드시 필연적으로 어떤 연속적인 단계로 일어나지는 않겠지만, 이런 단계들을 통해서 우리의 삶은 하느님 안에서 더욱 풍요롭게 될 것이다.

4 수도 전통에 따른 독서

이 장에서는 귀고 2세가 언급한 영적 사다리의 첫 단계인 독서에 대해서 좀 더 자세히 살펴보고자 한다. 여기에서 언급하는 독서는 하느님의 말씀인 성경 독서를 의미한다. 그러나 아쉽게도 귀고는 독서를 구체적으로 어떻게 해야 하는지 언급하지 않았으며, 또한 어떤 면에서 귀고가 언급하는 독서의 개념은 고대 수도자들이 행했던 독서의 수행과 다소 차이가 있다. 그러므로 여기서는 귀고의 영적 사다리의 전체 과정은 받아들이되, 그 첫 단계의 구체적인 독서의 수행에 대해서는 귀고의 견해보다는 차라리 더 원천으로 거슬러 올라가 고대 수도자들이 행했던 성경 독서 방법을 제시하고자 한다. 이에 앞서 먼저 독서의 방법과 귀고의 독서 개념을 살펴볼 것이다.

1. 독서의 방법

성경을 어떻게 읽어야 하는가? 이에 대해 여러 가지 방법이 있을 수 있다. 그러나 분명한 것은 성경은 성령의 감도感導로 쓰인 하느님의 말씀 그 자체라는 사실이다. 그러므로 성경을 오늘날 대개 그러하듯 소설책을 읽듯이 눈과 머리로 재빨리 읽어 버리면 그 본래의 영적인 의미를 깨달을 수가 없다. 성경 독서는 분명히 오늘날 우리의 독서 방법과는 달라야 한다. 이에 대해 중세 수도 전통의 권위자 중의 한 사람이었던 장 르클레르크Jean Leclercq 신부는 다음과 같이 두 개의 큰 범주로 성경 독서법을 제시하고 있다.

1) 학문적 접근

첫째는 학문석 독서(the scholastic lectio)다. 이깃은 하느님의 말씀에 대한 지적인 접근 방법으로서 분석적·논쟁적 측면을 지닌다.¹ 이런 방법은 오늘날 특히 성서학적으로 많은 공헌을 하고 있다. 그러나 성경을 단순히 지적 호기심이나 학문적 측면에서만 접근한다면, 말씀이 담고 있는 본래의 참다운 의미와 영적인 측면을 소홀히 할 위험이 있다. 실제로 오늘날 성서학자들 중에는 신앙을 전혀 가지고 있지 않은 사람들도 있는데, 이 사실에 우리는 놀라움을 금할 수 없다.

이에 대해 가르멜회의 유명한 영성가이자 저술가인 라르킨E. Larkin은 이렇게 경고한다. "만약 우리가 순전히 지적으로만 성경에 접근한다면, 혹시 아름다운 신학적인 표현들과 문장들에 대한 자료들을 발견할 수 있을지는 몰라도 결코 주님을 만날 수는 없다."² 같은 맥락에서 토머스 머튼Thomas Merton(1915~1968) 역시 이 점을 지적하고 있다. 그는 비록 현대에 수많은 학문적인 성경 연구가 우리의 성경 이해에 도움을 주었지만 그 반대로 그러한 시도들은 자칫 잘못하면 성경의 참된 의미로부터 우리의 정신을 혼란시킬 수 있고 또 전문 영역의 복잡함으로 인해 성경에 대한 관심이 사라지게 할 수도 있음을 예리하게 지적하고 있다.³ 머튼은 이런 학문적 연구의 단계가 더 깊은 하느님 말씀과의 인격적인 단계에 이르기 위한 하나의 준비 단계에 불과하다고 보았다. 결국 하느님의 말씀을 단순히 학문적인 측면에서만 접근하려는 시도는 시작부터 어떤 한계를 지니고 있음을 우리는 인정하지 않을 수 없다.

2) 수도생활의 접근

둘째는 수도승적 독서(the monastic lectio)로, 이는 수도 전통에서 오랫동안 수행되어 온 성스러운 독서인 렉시오 디비나를 뜻한다. 여기에서 독서는 성경을 머리가 아닌 "순수한 마음"으로 읽는 수행이다. 이런 독서는 자연스럽게 묵상과 기도를 향하며 최종적으로 하느님과의 일치로 나아가게 한다.[4]

중세를 거치면서 수도 전통에서 행해졌던 이런 독서는 점차 전문적인 연구로 대체되어 갔다. 그래서 빅토르의 후고 Hugh of St. Victor(† 1142)는 새로운 학문적인 방법을 거슬러 성스러운 독서로서의 렉시오 디비나 본래 의미를 지키고자 노력했다.[5] 중세의 시토회원 아르놀트 Arnould도 성경 독서를 할 때에는 단순히 지식(scientia)보다는 참다운 지혜(sapientia)를 찾아야 함을 수도자들에게 늘 강조했다. 성 베르나르두스 역시 성경을 대함에서 그것에 대한 단순한 연구보다는 우리의 마음을 온전히 그 안에 몰입해야 한다고 말했다.[6]

다행히 오늘날 교회는 렉시오 디비나의 중요성에 대해서 다시 눈을 돌리기 시작했다. 우리가 단순히 학문적인 측면에서만 성경을 읽을 때, 성경의 참된 생명력, 즉 말씀 안에 현존하시는 하느님을 참으로 느낄 수가 없다. 그러나 수도 전통에서 행했던 것처럼 순수한 마음으로 성경을 읽는다면, 우리는 그 말씀 안에 현존하시며 살아 계시는 참된 하느님을 체험하게 된다. 이런 측면에서 라르킨은 성경을 머리로써가 아니라 우리의 '전 존재'로 읽어야 함을 강조했다.[7] 토머스 머튼 역시 이런 깊은 단계, 즉 말씀 안에서 하느님과의 인격적 만남을 통해서만이 성경을 참으로 알게 된다고 말했다. 이런 단계는 단순히 학문적 차원을 훨씬 뛰어넘는 더 깊은 인격적 차원임을 그는 강조했다.[8]

2. 귀고 2세의 독서 개념

전통적으로 수도자들은 렉시오 디비나, 즉 '성독'이라는 독특한 영적 수행을 실천하고 꽃피웠다. 이것은 주로 성경을 읽고 되새기며, 내면화하는 것이다. 귀고 2세는 이런 과정을 구체적으로 독서-묵상-기도-관상의 단계로 묘사했다. 이것은 수도자들을 지상에서 천상으로 향하게 하는 영적 사다리이다. 우리는 여기에서 귀고가 이해하는 영적 사다리의 첫 단계인 독서에 대해서 자세히 살펴보고자 한다.

먼저 귀고는 독서의 자료로 무엇보다 성경을 직접적으로 언급한다. 즉, 독서란 "자신의 온 힘을 집중하여 성경을 주의 깊게 연구하는 것"이라고 말한다.[9] 그는 그의 저서 제4장에서 독서의 역할에 대해 설명하면서 구체적인 성경의 말씀(마태 5,8)을 비유로 든다. 둘째로 귀고는 독서의 방법에 대해서도 우리들에게 어떤 실마리를 던져 준다. 그가 이해하는 독서란 단순히 읽는 것이 아니라, 읽고 듣는 것임을 분명히 밝힌다.[10] 그에게 올바른 독서란 성경을 읽으면서 동시에 그 읽는 바를 주의 깊게 듣는 것을 의미한다. 이것은 성경 독서에서 주의를 기울여 읽음과 들음의 중요성에 대한 지적이다. 성경을 읽을 때 주의를 기울이지 않으면 잘 들을 수 없고, 잘 듣지 못하면 말씀이 우리 안에 머무는 것이 불가능하다. 또한 그는 독서가 외적 감각들의 훈련임을 언급한다.[11] 그러나 불행하게도 외적 감각들의 어떠한 훈련인가에 대해서 귀고는 구체적인 설명을 하지는 않았다. 아마도 그는 고대나 중세의 수도 전통에서 행해 오던 수도자들의 독특한 성경 독서의 수행을 암시하는 것 같지만, 우리는 그러한 수행이 어떠한 것이었는지에 대해서는 정확히 알 수 없다. 셋째로 귀고는 독서를 주의 깊게 연구하는 것이라고 보았다.[12] 여기에서 그가 사용한 라틴어 단어 inspectio는 관찰, 조사, 고찰을 의미한다. 즉, 독서는 단순히 그냥 읽는 것이 아니라 그 본문을 주의 깊게 관찰하거나, 조사하고, 혹은 고찰하는 것이다. 이 점은 초기 이집트 수도자들이 온 마음으로 성경을 읽고 암기했던 수행과는 약간 거리가 있다. 그들은 렉시오 디비나를 통해 성경의 말씀을 고찰하고 연구하기보다는 오히려 마음 깊이 그 말씀을 받아들이고자 했다. 혹시나 인간의 이지적이거나 지성적인 측면이 너무 강조되어 성경을 지나치게 연구하고 관찰하고 조사할 경우, 우리는 말씀 안에 현존하시는 참되고 살아 계신 주님을 간과할 위험이 있다. 물론 성경에 대한 아무런 전前 이해나 지식 없이 성경을 읽게 될 때, 자칫 말씀을 자구적으로 해석하거나 자기식으로 생각할 위험도 있다. 그러므로 성경 독서를 할 때는 말씀에 대한 정확한 전 이해가 있어야 한다.

결국 귀고는 성경 독서에 대해서 여러 가지를 제시했지만, 구체적으로 어떻게 수행해야 하는지는 언급하지 않았다. 즉, 그의 저서에는 영적 사다리 4단계들의 관계에 대해서는 많은 설명이 있지만, 불행하게도 구체적인 독서의 수행을 어떻게 해야 하는지에 대해서는 분명한 언급이 없다.

3. 수도 전통에서의 독서

1) 능동적인 독서

고대 수도자들은 성경을 읽을 때, 오늘날과 같이 단순히 눈과 머리만 이용해서 대충 그리고 빨리 읽지 않았다. 그들은 천천히 눈으로

본 내용을 입술로 작게 소리 내어 직접 귀로 듣고 또 그것을 마음에 간직했다. 이것은 우리의 전 존재를 활용하는 능동적인 독서이다.[13] 이런 측면에서 고대에는 의사들이 환자들에게 걷고 달리는 운동과 같은 하나의 훈련으로서 독서를 권장하기도 했는데, 그것은 독서가 인간의 다양한 기능을 사용하는 전인적인 운동이었기 때문이다.[14] 사도 시대에도 소리 내어 독서했다는 흔적을 찾아볼 수 있다. 한 예로 사도행전에 보면 에티오피아의 고관 내시가 예루살렘에 하느님을 경배하러 왔다가 돌아가는 길에 마차에 앉아 이사야 예언서를 읽고 있었다. 그때 주님의 천사의 명령에 따라서 필립보가 마차에 다가갔더니, 그 내시가 이사야서를 읽는 것을 그가 들었다고 한다(사도 8,26-40 참조). 즉, 내시가 말씀을 읽는 것을 필립보는 귀로 들을 수 있었다. 아우구스티누스 성인 시대에도 일반적으로 소리 내어 독서를 했다는 사실을 우리는 『고백록』에서 발견한다. 어느 날 아우구스티누스가 암브로시우스 성인을 방문했을 때, 그가 책을 읽고 있었는데 혀로 소리 내지 않으면서, 눈으로는 책장을 젖히고, 마음으로는 그 뜻을 새겨 나가는 것을 보고 놀랐다고 한다.[15]

이렇게 독서를 소리 내어 하는 방법은 특히 수도 전통에서 계속 유지되었다. 앞서 살펴보았듯이 『베네딕도 규칙서』에서도 이런 방법을 추측할 만한 근거를 발견할 수 있다. 규칙서에 의하면 여름철 낮잠 시간에 독서를 하는 사람은 남을 방해하지 말아야 한다(RB 48,4-5). 그 당시 독서를 한다는 것은 작게 소리 내어 읽고 듣는 수행이었으므로 행여 다른 형제들 낮잠에 방해가 될까 봐 이런 주의를 주는 것이다.

장 르클레르크 신부는 이런 독특한 성경 독서 수행이 중세 수도원에서도 계속 행해졌다고 주장한다.[16] 사실 성 티어리의 윌리엄 아빠스William of St. Thierry(1085~1148) 시대에도 독서는 작게 소리 내어 읽는 수행이었다.[17] 이것은 현대의 독서와는 전혀 다른 방법으로, 당시 수도자들은 성경 본문의 구절을 더 쉽게 마음에 깊이 새길 수 있었다.[18] 이런 성경 독서에 대해 오스트레일리아의 트라피스트 수도자 마이클 케이시Michael Casey는 말한다. "성경 독서는 마치 시집을 읽는 것과 같다. 성경 본문을 천천히 읽고, 읽은 것을 맛보고, 그 본문을 우리의 기억 속에 남길 필요가 있다." 성경을 빨리 읽지 말고 천천히 소리 내어 시집을 읽듯이, 하느님 말씀의 의미를 음미하며 읽으라는 권고다.

2) 침묵

성경 독서를 할 때 고요와 침묵의 분위기는 매우 중요한데, 이는 성경 본문에 온전히 집중하기 위해서다. 그러므로 이 중요한 시간에 수도자들이 무익한 잡담·한담·농담을 하는 것은 수도 전통에서 금기였다. 사실 옛 금언들은 너무 많은 말, 유희를 위한 말, 시끄럽고 천박한 말과 같은 번잡한 말의 남용을 꾸짖고 있다.

아를Arles의 카이사리우스도 집이나 교회 어디에서나 무익한 한담이 렉시오 디비나에 큰 장애가 됨을 설교했다. 『스승의 규칙서』는 십인장이 지도하는 공동 독서의 양식을 제시하는데, 이는 렉시오 디비나 시간에 형제들이 백해무익한 '잡담'이나 '한담'에 빠지지 않도록 하기 위한 배려였다(*RM* 50 참조). 성 베네딕도 역시 *RB* 48장에서 렉시오 디비나에 전념해야 할 시간에 '한가함'이나 '잡담'에 빠져 자신뿐 아니라 남들에게도 무익하고 방해가 되는 형제들이 없도록, 한두 사람의 장로로 하여금 수도원을 돌아다니게 했다(*RB* 48,17-18 참조). 이렇게 하느님의 말씀을 온전히 듣기 위해서는 잡담이나 한담으로부터 벗어나 개인적 혹은 공동체적으로 침묵과 고요의 분위기를 유지하는 것이 매우 중요하다. 이에 대해 엔조 비앙키Enzo Bianchi는 침묵이 성경 독서에 쉽게 집중하도록 도와주며 우리 자신의 힘만으로는 기도가 불가능하다는 사실을 일깨워 준다고 말한다.[19]

3) 들음

초기 수도자들의 작품들에서 독서(lectio)와 들음(auditio)이라는 두 용어는 자주 동의어로 사용되곤 했는데, 그것은 그들이 성경의 말씀을 읽으면서 동시에 귀 기울여 그 말씀을 들었기 때문이다. 그러므로 수도자들의 독서는 정확히 말하면 단순히 읽는 수행이라기보다는 오히려 하느님의 말씀을 읽고, 귀 기울여 듣는 수행이었다.[20] 어떻게 보면 그들에게 성경 독서의 시간은 들음의 시간이었는지도 모른다. 그 때문에 장 르클레르크 신부는 이런 수행을 '청각적 독서'라고까지 표현했다. 사실 한자로 '성인'聖人은 잘 듣고(耳), 잘 말하는(口) 자를 의미한다. 많은 경우 우리의 영성생활에서 잘 듣지 않고, 잘 말하지 못하기에 타인과의 통교, 특히 하느님과의 통교에서 문제가 생긴다. 하느님의 말씀을 잘 듣고 잘 말할 수 있을 때, 하느님과 진정한 통교가 가능해지고 진실로 성인이 될 수 있다. 이런 측면에서 영성생활에서 하느님의 말씀을 잘 듣는다는 것은 매우 중요한 덕목이 아닐 수 없다.

성 베네딕도 역시 수도생활에서 하느님의 말씀을 잘 듣는 것이 중요함을 누차 강조했다. 그래서 『베네딕도 규칙서』 머리말은 "들어라, 오 아들아!"("Obsculta, o fili!")로 시작한다. 이어서 그는, 우리 모두가 하느님의 빛을 향해 눈을 뜨고 하느님께서 날마다 우리에게 외치고 훈계하시는 말씀에 귀 기울여야 한다고 강조한다(머리말 9절). 착한 일의 도구들에 관한 제4장에서도 "거룩한 독서를 즐겨 들어라"(RB 4,55)라고 권고한다. 『베네딕도 규칙서』 전체에서 드러나는 침묵, 고요 그리고 잠심의 분위기는 바로 하느님의 말씀에 철저히 귀 기울이기 위한 것이었음을 부정할 수 없다. 하느님의 말씀을 잘 듣는다는 것은 수도자가 지녀야 할 가장 중요한 덕목 중의 하나였다. 하느님의 말씀을 잘 들을 수 있을 때 지혜는 시작되며 바로 이때 마음과 정신은 열리고 어린이 같은 "순수한 마음"과 "수용력"을 가지게 된다.[21] 아를의 카이사리우스는 한 걸음 더 나아가 하느님 말씀에 제대로 귀 기울이지 않는 것은 마치 우리가 성체를 소홀히 하여 길바닥에 떨어뜨리는 것과 같다고 지적했다(강론 782).

신·구약 성경 역시 이 들음의 중요성에 대하여 끊임없이 강조한다. 신명기 저자는 이스라엘 백성에게 강하게 호소했다. "이스라엘아, 들어라"(6,4). 하느님의 말씀에 귀 기울이라는 명령이다. 시편 저자 역시 "이스라엘아, 부디 내 말을 들어라"(81,9)라고 말한다. 이사야 예언자도 하늘과 땅 그리고 소돔 고관들과 고모라 백성들에게 야훼의 말씀을 귀 기울여 들으라고 말한다(1,2.10 참조). 또한 먼 곳에 사는 부족들에게는 정신 차려 들으라고 호소한다(49,1 참조). 그분 말씀에 귀 기울이고 그분께 돌아갈 때 우리는 비로소 생기를 얻는다(55,3 참조). 구약의 수많은 예언자는 한결같이 이런 들음의 중요성을 강조했다. 하느님의 말씀을 귀 기울여 잘 듣고 그분께로 되돌아가야 한다는 것이다. 신약의 묵시록도 "귀 있는 사람은 성령께서 여러 교회에 하시는 말씀을 들어라"(2,7)라고 강조한다.

결국 성경은 인간이 귀가 있어도 잘 듣지 않기 때문에, 주님의 말씀을 경청해야 함을 끊임없이 강조하는 것이다. 그러나 요한 복음사

가는 진리에 속한 사람만이 진실로 그분의 소리를 들을 수 있다고 한다(18,37 참조). 모든 그리스도인은 세례성사를 통해서 이미 진리에 속한 사람이 되었다. 그러므로 개인이나 공동체가 성경을 읽을 때 그 말씀을 더욱 경청해야 한다.

오늘날 공동체 모임이나 전례에서, 혹은 개인적으로 성경을 읽거나 들을 기회가 많다. 그러나 말씀이 선포되자마자 우리 안에 거하지 못하고 곧 물거품처럼 사라지게 됨을 종종 체험한다. 주일미사를 마치고 나오면서 우리는 그날의 독서와 복음이 무엇이었는지조차 금세 잊어버리곤 한다. 성경을 읽고 귀 기울여 듣는 수행이 잘 안 되어 있기 때문이다. 하느님의 말씀을 귀 기울여 들을 때, 비로소 그 말씀은 우리 안에서 메아리친다. 이것은 마치 우리가 기차 여행을 할 때, 어떤 특정한 대상을 주시하지 않는 한 차창 밖의 수많은 광경이 우리에게 아무런 의미를 일으키지 못하고 스쳐 지나가는 경우와 같다. 그러나 우리가 어떤 광경을 관심 있게 주시할 때, 그 광경이 시야에 들어오고 우리와 깊은 관계를 맺게 된다. 마찬가지로 성경 말씀도 우리가 주의 깊게 바라보지 않거나 귀 기울여 듣지 않으면 우리와 어떤 관계도 맺지 못하고 그냥 우리를 스쳐 지나갈 뿐이다. 그러나 우리가 진실로 하느님의 말씀을 귀 기울여 들으면, 그 말씀은 우리를 스쳐 지나가지 않고 시야에 들어와 우리와 깊은 관계를 맺게 되는 것이다.

개인적으로나 공동체적으로 하느님의 말씀이 선포되는 바로 그 순간 하느님의 말씀은 '지금, 여기'에서 새롭게 선포되고 있는 것이다. 그러므로 지금, 여기에서 새롭게 선포되고 있는 그 말씀에 온 마음과 온 정신으로 귀 기울일 때, 비로소 그 말씀은 내 안에서 새롭게 울려 퍼지고 참된 열매를 맺을 수 있다. 트라피스트회 아빠스 앙드레 루프

André Louf는 이런 말을 했다. "하느님께서는 성경 독서 시간에 친히 각 사람에게 개인적으로 말을 건네신다. 그러므로 각자는 하느님의 말씀에 온 힘을 다해서 귀를 기울여야 한다."[22]

매일 규칙적으로 성경 독서 시간에 깨어서 하느님의 말씀을 듣고자 했기에 수도자들은 온 마음과 정신을 열고 그 말씀을 경청할 수 있었다.[23] 이로써 하느님 말씀의 심오한 신비를 마음 깊이 간직할 수 있었고, 수도생활에서 실제적으로도 말씀을 따라 살 수 있었다.[24] 그러므로 성경 독서 시간에 성경을 읽으며 귀 기울이는 수행은 매우 중요하다. 이런 수행이 깊어질 때, 성경의 어떤 말씀이든지 우리를 그냥 스쳐 지나가지 않고, 우리와 관계를 맺고, 우리 안에서 꽃피우고 열매 맺게 되는 것이다.

4) 기억

추론적 묵상 방법들이 인간의 지성과 상상을 지나치게 강조하는[25] 반면에 초기 수도 전통은 특별히 기억을 강조했다. 초기 수도자들은 기도에서 모든 종류의 상상이나 개념을 철저히 거부했다. 이 점에서 요한 카시아누스는 『담화집』 제10권에서 인간의 형상 안에서 하느님을 이해하려 했던 세라피온 압바 Abba Serapion의 이야기를 전한다. 그는 당시 이집트의 수도자들이 그러했듯이 하느님을 자신이 생각하는 어떤 사람의 형상을 통해 이해하려 했던 위험한 "신인 동형론" 이단 (the anthropomorphite heresy)에 떨어졌다.[26]

초기 수도자들은 이렇게 상상이나 개념의 위험성을 경계하면서 성경 독서를 통해 하느님의 말씀을 언제나 기억에 간직했고, 끊임없이 그 말씀을 암송하는 단순한 묵상(되새김)을 실천했다. 카시아누스는 순수한 기억은 마치 안전하게 만나를 보존할 수 있는 '황금 항아리'와 같다고 했다. 그래서 그는 『담화집』 제14권에서 거룩한 하느님의 말씀을 부지런히 우리의 기억에 저장하자고 역설했다.[27] 그릇은 무엇을 담느냐에 따라서 그 가치가 다르다. 오물을 담은 그릇은 아무런 가치를 지니지 못하지만, 황금을 담은 그릇의 가치는 매우 높다. 마찬가지로 인간은 모두가 기억이라는 그릇을 가지고 있다. 세속적 야심, 탐욕, 이기심들로 가득 찬 기억은 별로 가치가 없지만, 하느님의 말씀을 담은 기억은 대단한 가치를 지니게 된다. 특히 수도생활에서 기억은 아주 기본적인 요소였다. 수도자들은 언제 어디서나 말씀의 암송을 위해 성경에 대한 기억을 특히 강조했다.

  초기 수도자들은 기억 속에 간직된 성경 말씀을 끊임없이 암송했다. 앞서 보았듯이 이집트의 안토니우스 성인은 기억 속에 성경 전체를 간직했을 정도였다고 한다. 파코미우스 성인 역시 처음에 은수자였던 팔라몬Palamon을 찾아갔을 때, 스승은 은수생활의 여러 어려움을 설명해 주면서 하느님 말씀을 기억 속에 간직하여 끊임없이 암송하는 수행에 대해 언급했다. 후에 파코미우스는 스승과 함께 살면서 직접 금욕적 삶의 양식을 배운다. 특히 기억 속에 간직된 성경 말씀을 끊임없이 되뇌는 수행을 통해 그는 더욱 하느님께 나아갈 수 있었다.[28] 파코미우스 성인은 수도원에 입회하려는 사람들에게 수도원에서 지켜야 할 사항을 알려 준 후, 그들이 동의하면 최소한 스무 개의 시편과 두 개의 사도 서간 혹은 성경의 다른 부분을 주어 외우도록 권했다(Praec. 139). 당시 파코미우스 공동체 지원자들에게 요구되었던 것은 무엇보다도 성경의 말씀을 기억 속에 간직하기 위한 말씀의 암기였던 것 같다. 더욱이 파코미우스 성인은 성경을 읽지 않거나 기억 속에 말씀을 간직하지 않으려거든 수도원 안에 있지 말라고 강조했다(Praec. 140). 파코미우스의 제자 호르시에시우스Horsiesius 역시 성경 말씀을 기억하려 하지 않는 수도자에게는 시편 한 부분을 주어 암기하도록 해야 한다고 주장했다.[29] 히에로니무스는 편지 22에서 회수도자들을 설명하면서, 그들이 매일 성경의 어느 부분을 기억 속에 간직했음을 지적한다.[30] 이렇듯 기억은 당시 수도자들에게 기본적으로 요구되었던 의무였다. 그러므로 수도자들은 성경 독서 시간 외에도 — 산책을 하든 일을 하든 — 온종일 지속적으로 기억 속에 간직된 하느님의 말씀을 끊임없이 암송할 수 있었다.[31]

그들은 하느님의 말씀을 기억해서 끊임없이 암송하는 이 수행이 사탄으로부터 수도자들을 지켜 준다고 굳게 믿고 있었다. 이에 대해 파코미우스의 제자였던 테오도루스는 말한다. "나의 형제들이여, 나는 확신합니다. 만약 우리가 성경의 말씀을 지니고 항상 경계하지 않는다면, 사탄은 우리로부터 주님께 대한 두려움을 몰아내고, 오히려 사탄에 대한 두려움을 가지게 할 것입니다."[32] 수도생활에서 기억은 하느님의 말씀으로 다가가는 데 특별히 중요했다. 테오도루스는 계속해서 말한다. "나의 형제 여러분, 나는 하느님과 그리스도 앞에서 확신합니다. 우리가 하나의 시편을 잘 이해하고 잘 따른다면, 그것은 분명히 우리를 구원하기에 충분합니다. 그러나 무엇보다 먼저 우리는 주님 예수 그리스도의 거룩한 복음을, 그리고 성경의 다른 모든 부분과 그 생각들을 항상 우리 손에 간직하고 있어야 합니다."[33] 윌리엄 그레이엄은 여기서 "우리 손"이라는 표현이 바로 "우리 기억"을 의미한다고 구체적으로 해석한다.[34] 즉, 성경 말씀을 우리 기억 속에 간직해야 한다는 것이다.

초기 수도 전통에서 이토록 강조되었던 기억의 중요성은 중세에도 계속되었다. 베네딕도회의 아빠스였다가 훗날 시토회로 옮겼던 성 티어리의 윌리엄은 기억을 신체의 "위장"에 비유하면서 우리가 행하는 매일의 독서를 통해 어떤 부분들을 우리의 기억에 간직해야 한다고 강조했다.[35] 결국 수도 전통에서 성경 독서는 우리의 기억과 분리되지 않았음을 알 수 있다. 성경 독서는 기억을 통해서 묵상, 기도 그리고 관상으로 나아가게 되고, 기억은 성경 독서를 통해 하느님의 말씀이 머무르는 거룩한 처소가 되어 그 충만한 의미를 가지게 된다.

수도자들은 "끊임없이 기도하십시오"(1테살 5,17; 에페 6,18)라는 바오로 사도의 권고에 따라 성경을 읽으면서 마음에 와 닿는 어떤 구절을 기억 속에 간직했다. 그리고 기억 속에 간직한 하느님의 말씀을 하루 일과 중에 끊임없이 암송하는 되새김을 통해서 마침내 하느님과의 일치로 나아갔다. 그러므로 우리는 성경 독서 중에 하느님의 말씀을 빨리 그리고 단순히 읽고 끝낼 것이 아니라, 그 말씀을 기억 속에 간직하고자 부지런히 노력해야 한다. 그러나 기억이라는 것도 어떤 때에는 100% 신뢰할 수 없음을 우리는 경험을 통해 잘 알고 있다. 오늘날 우리는 불필요한 것들을 너무 많이 기억하며 살고, 또 너무 바쁘게 움직이고 있기에, 때론 기억 속에 간직한 것들을 쉽게 잊어버리게 된다. 그래서 하느님의 말씀을 온전히 기억 속에 간직한다는 것이 일상 속에서는 그리 쉽지 않은 것 같다. 고대 수도자들의 환경과 오늘날 우리의 환경은 많은 차이가 있기 때문일 것이다. 이런 기억을 도와주기 위해 쪽지를 사용하는 것도 하나의 좋은 대안이 될 수 있다고 본다. 즉, 성경 독서 시간에 마음에 닿는 성경의 구절을 쪽지에 적어서 주머니에 넣고, 언제 어디서나 쪽지 말씀을 떠올려 신·망·애 안에서 암송하는 수행을 할 수 있다. 필자는 오랫동안 이런 쪽지 수행을 통해 많은 도움을 받고 있으며, 또한 다른 사람에게도 이 방법을 권하고 있는데, 그들 역시 쪽지 수행에서 큰 도움을 받고 있다고 한다. 중요한 것은 기억으로부터든 쪽지로부터든 말씀을 나로부터 한 순간도 멀어지지 않게 하는 것이다.

5) 마음의 순결

렉시오 디비나에서 수도자들에게 참으로 요구되었던 것은 무엇이었을까? 그것은 무엇보다 '마음의 순결'이었다. 순수한 마음만이 하느님의 말씀을 온전히 받아들일 수 있고 그 말씀을 실천할 수 있다. 그래서 예수께서는 "행복하여라, 마음이 깨끗한 사람들! 그들은 하느님을 볼 것이다"(마태 5,8)라고 가르치셨다. 또 마음을 돌이켜 어린이처럼 되지 않으면 결코 하늘나라에 들어갈 수 없다고 단언하셨다(마태 18,3 참조). 어린이처럼 순수하고 깨끗한 마음을 가지라는 말씀이다. 바오로 사도도 사랑하는 아들 티모테오에게 "청춘의 욕망을 피하고, 깨끗한 마음으로 주님을 받들어 부르는 이들과 함께 의로움과 믿음과 사랑과 평화를 추구하십시오"(2티모 2,22)라고 일렀다. 이렇게 오직 순결한 마음만이 주님을 뵈올 수 있고, 하느님 역시 그 안에서 자신을 온전히 드러내 보여 주신다. 특히 그분은 순수한 마음을 추구하는 모든 수도자를 렉시오 디비나 중에 기도로 인도하신다. 그러므로 하느님의 말씀을 온전히 듣고, 성령의 인도하심에 순종하기 위해서 수도자들에게 제일 먼저 요구되었던 것은 바로 '마음의 순결'이었다.

특히 마음의 순결은 베네딕도 성인 이전에 가장 영향력이 컸던 교부 카시아누스에게 중요한 덕목이었다. 카시아누스는 『담화집』 제14

권에서 불순한 영혼은 결코 영적 인식을 얻을 수 없음을 분명히 했다. 그는 오직 마음이 순수한 자만이 성령의 빛 안에서 이런 인식을 얻을 수 있다고 보았다. 우리가 독서에 많은 노력을 기울인다 해도 마음의 그릇을 깨끗이 하지 않고는 복된 기름인 성경의 영적 인식을 담을 수 없기 때문이다.[36] 이처럼 카시아누스에게 '마음의 순결'은 매우 중요한 개념이다. 그는 『담화집』 제1권에서 모세 압바Abba Moses의 입을 빌려, 수도자들의 '최종 목적지'인 하느님 나라에 이르기 위한 직접적인 목표로 마음의 순결(Puritas Cordis)을 든다. 마음의 순결 없이는 아무도 하느님 나라에 들어갈 수 없으며 수도자들의 모든 영적 수행이 바로 이 마음의 순결을 향하여 있다고 강조한다.[37] 카시아누스는 에바그리우스Evagrius(346~399)로부터 많은 영향을 받았는데, 그가 말하는 마음의 순결은 바로 에바그리우스의 "아파테이아"apatheia[38]와 비슷한 개념이다. 그리스도교 수도 전통에서 '아파테이아'나 '마음의 순결'은 수도생활의 직접적인 목표였다. 즉, 수도생활을 구성하는 두 개의 큰 축은 수행생활(vita practica)과 관상생활(vita contemplativa)인데, 직접적으로는 "아파테이아"나 "마음의 순결"을 추구하고(수행생활), 이를 통해 그 궁극적인 목표인 관상, 즉 하느님과의 일치로 나아가는 삶(관상생활)이 바로 수도생활이다. 이런 "아파테이아"나 "마음의 순결"은 수도 전통에서 늘 강조되어 온 중요한 개념이다.

베네딕도 성인도 같은 맥락에서 수도자들은 항상 마음의 순결을 유지하되 특히 사순 시기에는 더욱 그래야 한다고 했다. 독서와 묵상도 이런 순결한 마음으로 해야 한다(RB 49,1-4 참조). 순수한 마음을 가진 자만이 성경을 올바로 읽을 수 있고, 그 의미를 깨달을 수 있기 때문이다. 결국 마음의 순결은 성경을 읽는 데 부수 조건이 아니라 필요충분

조건이며, 이것 없이는 성경 독서에서 참된 지혜를 얻을 수 없기도 하거니와 궁극적으로 하느님과의 일치로 나아갈 수도 없다. 그래서 성경을 읽기 전에 먼저 마음을 고요하고 순수하게 갖는 지혜가 필요하다. 이 주제와 관련하여 유경환의 「호수」라는 시를 소개한다. "호수가 산을 다 품을 수 있는 것은 깊어서가 아니라 맑아서이다. 우리가 주님을 안을 수 있는 것은 가슴이 넓어서가 아니라 영혼이 맑아서이다."

맑음이 주님의 말씀을 온전히 우리 안에 받아들이게 한다. 그러므로 렉시오 디비나를 하기 전에 먼저 마음을 순수하게 유지하는 것이 중요하다.

6) 항구성

성경 독서는 다른 독서처럼 읽다가 싫증 나면 쉽게 덮어 버리거나 물리칠 수 있는 것이 아니다. 『스승의 규칙서』에서 보듯이 하루 세 시간 정도의 공동 독서는 바로 영적 노동 혹은 수행으로서, 여기에는 끊임없는 노력과 항구함이 요구된다(RM 50; 75 참조). 이것 없이는 성경 독서의 참된 결실을 기대하기가 어렵다. 초기 사막 수도자들이 온종일 성경을 읽고 묵상함으로써 성경의 깊은 영적 의미를 깨달았듯이, 성경 독서는 우리에게도 이런 항구함과 인내를 요구한다.

베네딕도 성인은 규칙서에서 수도자들에게 하루에 최소 서너 시간 이런 수행을 하도록 권고한다. 하루에 여러 시간 동안 성경 독서를 한다는 것은 솔직히 그들에게도 그리 쉬운 수행은 아니었을 것이다. 그들 역시 때로는 따분함, 권태, 무감각을 느꼈을 것이다. 그러나 그들은 거기에 머물지 않고 항구히 성경 독서의 수행에 정진함으로써 일시적인 유혹을 극복하고 마침내 말씀의 심오한 의미를 깨달을 수 있었다. 요한 카시아누스는 『담화집』 제14권에서 항구성을 가지고 성경 독서에 매진할 것을 권한다.[39] 성 히에로니무스도 바울라의 딸 동정녀 에우스토키움Eustochium에게 이렇게 권면한다. "가능한 한 성경을 많이 읽고 배워라. 잠을 잘 때도 성경을 당신의 손에 든 상태에서 자도록 하라. 그리고 졸음이 오면 성경의 거룩한 페이지가 당신의 머리를 떠받치도록 하라."[40] 언제나 성경 독서의 수행을 멈추지 말라는 권고다. 성 티어리의 윌리엄은 그의 유명한 『황금 서간』The Golden Epistle에서 영적 단계를 3단계[41]로 구분하면서 성경 독서의 충실성과 항구함에 대해서 언급한다. 지속적이고 끊임없는 독서와 묵상은 성경 저자의 본래 의도를 이해하게 만들며, 하느님과의 인격적인 만남을 가능케 한다는 것이다.[42]

항구함이 없는 영성생활이란 시작부터 불가능하다. 이것은 농부가 가을의 수확을 위해서 꾸준히 오랜 시간을 참고 기다려야 하는 것과 비슷하다. 마찬가지로 성경 독서도 항구함이 요구되는 영적 수행이다. 성경 독서를 단순히 의무로 하게 되면 그 자체가 우리에게는 큰 짐이 될 것이다. 마이클 케이시는 성경 독서가 일상의 참된 에너지원이고 방향이며 생명력이라는 긍정적 측면을 재발견해야 한다고 강조한다.[43] 그래야만 성경 독서가 지루하거나 무미건조해질 때에도 포기하지 않고, 항구히 해 나갈 수 있다. 항구한 성경 독서는 우리를 하느님 안에 깊이 뿌리내리게 해 줄 것이다.

7) 성령

성경은 모두 성령의 영감에 의해 쓰인 책으로서(2티모 3,16 참조), 진리의 영이신 그분이 오셔야만 온전히 말씀의 신비를 깨닫게 된다(요한

16,13 참조). 그러므로 성경을 대할 때마다 우리 마음과 정신을 성령께 온전히 열어야만 참다운 진리의 바다로 인도될 수 있다.⁴⁴ 궁극적으로 성경 독서의 열매를 맺게 해 주시는 분은 바로 성령이기 때문이다. 성경을 통해 말씀하시는 그분은 참된 내적 일치의 원천이시다. 바로 그분이 거룩한 말씀의 신비를 우리에게 계시하시고 우리 안에 머무르면서 우리의 영성생활을 촉구하고 계시다.⁴⁵

그래서 수도자들은 성경을 읽거나 묵상할 때, 언제나 성령께서 심오한 말씀의 신비를 직접 열어 보여 주시고 깨닫게 해 주시기를 청하면서 겸허하고 개방된 마음으로 기다린다. 그들은 성경 독서나 묵상 중에 지적이고 논리적인 읽기와 사색을 포기하고, 순수하고 겸손한 마음으로 성경을 읽으면서 전적으로 성령께 자신을 내맡긴다. 그때 하느님은 성령을 통해 우리에게 당신 말씀의 심오한 신비를 직접 깨닫게 하신다.

바로 이것이 수도 전통에서의 성경 독서가 다른 독서와 근본적으로 다른 점이다.⁴⁶ 베네딕도회원 윌프리드 투닝크Wilfrid Tunink는 성경 독서가 결실을 맺기 위해서는 특별히 성령의 은총, 수도자의 열정 그리고 마음의 순결이 선행되어야 한다고 강조한다.⁴⁷ 수도자가 성경을 대할 때, 열정이나 마음의 순결만 가지고는 그 말씀의 깊은 신비를 온전히 깨달을 수 없다. 수도자의 열정과 마음의 순결에 성령이 함께하실 때만 수도자는 하느님 말씀의 심오한 신비를 온전히 깨닫게 된다. 이 성령에 대해서 예수께서는 다음과 같이 증언하셨다. "아버지께서 내 이름으로 보내실 성령께서 너희에게 모든 것을 가르치시고 내가 너희에게 말한 모든 것을 기억하게 해 주실 것이다"(요한 14,26). 이런 의미에서 필자는 언제나 성경을 읽거나 묵상하기 전에 무엇보다 먼저 순수하고 겸손한 마음으로 성령께 도움을 청하라고 권고하는 바이다.

4. 독서의 발전

1) 독서와 묵상

 능동적 독서의 수행은 단순히 성경을 읽는 데서 끝나는 것이 아니라, 자연스럽게 묵상으로 나아간다. 우리가 들은 하느님 말씀을 기억 속에 저장하고 되새기는 것이다. 이런 되새김은 남은 하루 동안에도 지속된다. 이것이 바로 수도 전통에서 행해졌던 단순한 묵상이다. 그러나 어디까지가 독서이고 어디서부터 묵상인지 정확하게 구분할 수는 없다. 수도 전통에서 독서와 묵상은 매우 유사한 수행이었으며, 우리는 이런 예들을 고대 문헌들에서 자주 발견한다.

 『사막 교부들의 금언집』은 수도자들 삶에서 성경 독서와 묵상의 중요성을 강조한다. 몇 가지 일화가 있다. 어느 날 한 원로가 수도자의 삶을 정의하면서 이 생활은 성경에 대한 묵상, 순종, 판단하지 않음, 비방하지 않음 그리고 불평하지 않음에 기초되어야 한다고 말했다.[48] 다른 원로에게 한 제자가, 어떤 수도자가 유혹에 떨어진다면 어떻게 다시 일어설 수 있는가를 물었다. 원로는, 그가 회개한다면 집을 재건하는 데 필요한 각종 재료들(묵상, 시편 암송, 손노동)을 곧 발견하게 될 것이라고 말했다.[49] 여기서 묵상은 수도생활의 중요한 기초로 여겨진다.

 어느 날 한 제자가 포이멘 압바Abba Poimen에게 와서 수도자는 독방에서 어떻게 살아야 하는지 묻자, 포이멘은 묵상, 손노동, 침묵 그리고 하루 한 끼 식사의 중요성을 설명해 주었다.[50] 롯 압바Abba Lot는 요셉 압바Abba Joseph에게 자신의 금욕적인 삶을 설명하면서 성경 묵상에 대해 이야기했다.[51] 사막 교부 누군가가 말했다. "수도자의 금욕주의는 하느님의 계명에 대한 깨달음과 성경에 대한 묵상이다."[52] 이처럼 그들에게 성경 묵상은 중요한 금욕적 수행들 가운데 하나였다. 여기서 주목할 것은 성경 말씀을 암송하는 묵상 수행이 당시만 해도 성경 독서와 결코 분리되어 있지 않았다는 사실이다.

파코미우스 성인은 성경 말씀이 수도원 어디서든지 한순간도 수도자들의 마음에서 멀어지지 않도록 되새김의 수행을 늘 강조했다.[53] 당시 파코미우스 수도자들은 모임이나 식당에 가면서, 혹은 모임이 끝난 후 다른 장소로 이동하면서 끊임없이 성경 말씀을 암송했다. 심지어 종지기는 종을 치는 동안에도 성경 말씀을 암송했으며, 식사 후 식당 문 앞에서 다과를 나눠 주는 형제 역시 나눠 주는 그 짧은 시간에 성경 말씀을 암송했다. 이렇게 파코미우스 공동체의 수도자들은 언제 어디서나 성경 말씀을 끊임없이 암송했다.

어느 날 이본 압바Abba Ebonh가 문제를 일으킨 어느 수도자를 파코미우스에게 데려왔을 때 성인은 이렇게 충고했다. "끊임없이 성경 말씀을 암송하라."[54] 성 파코미우스의 제자 호르시에시우스 역시 죽기 전에 제자들에게 이런 말을 남겼다. "성경을 깨닫기 위해서 스스로 성경을 열심히 읽고 배우며, 끊임없이 암송하라."[55]

카시아누스도 수도자들이 기도가 끝난 후나 일하는 동안 성경 구절과 시편을 암송할 것을 강조한다.[56] 여기서 독서나 묵상은 모두 작은 소리로 읽고 들으면서 되새김하는 수행이었기에 카시아누스는 자주 성경 독서와 묵상을 함께 언급하곤 했다.[57] 카시아누스가 이 두 영적 수행을 함께 언급하기는 했지만, 그는 이 두 수행이 같지 않음을 분명히 알고 있었다. 그는 『담화집』에서 이렇게 말한다. "당신은 모든 면에서 끊임없이 그리고 지속적으로 성경 독서를 하기 위해 노력해야 한다. 지속적인 묵상이 당신의 마음을 채울 때까지 당신은 계속 이런 수행을 해야 한다"(14,10.2). 독서와 묵상이 비슷한 영적 수행일지라도 카시아누스에게 독서는 묵상을 위한 준비에 불과했다.

이는 베네딕도 성인에게도 마찬가지였다. 베네딕도는 규칙서에서 독서와 묵상을 유사한 영적 활동으로 아우른다.[58] 독서와 묵상은 가끔 동의어로도 사용될 만큼 밀접히 연관되어 있다. 이것들은 동일 선상에 있는 독특한 영적 수행이었다. 이 점에서 드 보귀에(A. de Vogüé 신부는 독서와 묵상이 상호 보완적이라고 보았다. 독서가 계속되려면 묵상이 필요하고, 묵상이 솟아나려면 독서가 전제되기 때문이다. 독서는 묵상을 향하고, 묵상은 독서에서 오며 또한 그것의 연장이다.[59] 그리고 이 둘은 모두 기도와 관상을 지향한다.

2) 독서와 기도

하느님과의 일치를 향한 여정에서 렉시오 디비나 수행은 수도 전통에서 매우 중요한 위치를 차지했다. 첫 단계로서 독서는 단순히 기도의 준비 단계가 아니라 기도와 관상으로 직접 수도자들을 인도하는 것이었기에 그 자체로 소중한 가치를 지녔다. 베네딕도는 *RB* 49장 '사순절을 지킴에 대한 장'에서, 수도자들은 연중 다른 때에 소홀했던 것들을 사순 시기에 더 충실히 보충하라고 충고하면서 눈물로 바치는 기도와 독서에 대해 언급한다. *RB*에는 독서와 기도의 밀접한 관계가 잘 나타나 있다. 그러므로 하느님과 일치하고자 하는 수도자들은 언제나 독서·묵상·기도를 해야 한다. 성 치프리아누스는 「도나투스에게」라는 작품에서 "결코 기도와 독서를 중단하지 말고, 항구하게 독서하면서 하느님의 말씀을 듣고 기도하며 하느님과 대화할 것"(Ad Donatum 15항)을 권했다.[60] 장 르클레르크 신부는 수도자들의 독서가 묵상과 기도를 향해 있음을 강조했다.[61] 성경 독서는 지적 욕구의 충족이 아니라 기도와 관상을 지향하며, 기도와 관상은 독서와 묵상에서 온다는 것이다.[62]

우리는 성경 독서 중에 하느님 말씀에 귀 기울이고 그분 소리에 바르게 응답하기 위해 더욱 기도에 정진해야 한다. 일반적으로 독서는 기도에 선행하여 기도를 불러일으키고 기도는 독서에서 나온다. 이 둘을 따로 떼어 생각할 수는 없다. 그것은 어찌 보면 물의 흐름과도 같다. 흐르는 강물의 어디까지가 상류이고, 어디까지가 중류이며 또 어디서부터가 하류인지 우리는 정확히 구분하지 못한다. 렉시오 디비나 수행도 이와 같다. 독서 자체에 기도와 관상이 내재하기 때문에, 기도만을 위해서 특정한 장소(기도소)에 갈 필요는 없다.[63] 성경 독서를 충실히 하다 보면 자연스럽게 묵상과 기도, 그리고 관상으로 나아간다. 그래서 수도자들은 하느님 말씀을 읽고 듣는 독서 수행을 통해 이를 반복·음미하는 묵상 수행을 했고, 기도와 관상의 단계로 넘어감으로써 마침내 하느님과의 완전한 일치로 나아갈 수 있었던 것이다.

3) 독서와 일

초기 이집트 수도 전통에서 공동체가 정한 렉시오 디비나 시간이 있었는지에 대한 구체적 기록은 없다. 그러나 성경을 읽고 외워 일을 하면서도 쉼 없이 성경 본문을 암송했을 것이 분명하다. 가령 성 파코미우스는 어느 소임지에서든 성경 본문 되뇌기를 그쳐서는 안 된다고 말한다. 특히 빵 마드는 형제들에게는 일하는 동안 시편이나 성경의 한 구절을 침묵 중에 끊임없이 되뇔 것을 권한다(Praec. 116). 파코미우스의 제자 테오도루스Theodorus는 독방에서 홀로 손노동을 하면서 마음으로 배운 성경 본문을 되새기는 수행을 했다.[64] 이렇게 옛 수도자들에게는 성경 독서가 단순히 특정 시간에 국한되는 것이 아니었다. 그들은 렉시오 디비나 시간에 마음으로 배운 성경 본문을 일하는 시간에도 끊임없이 반복함으로써 성경 독서와 일을 연계시켰다. 성 아우구스티누스는 일할 때 성경을 되뇌기 위해서는 별도의 여유롭고 넉넉한 시간이 필요하다고 말하면서, 그 시간에는 성경 구절을 기억에 채워 넣어 일하는 중에도 그것을 계속 되뇔 수 있기를 권고했다.[65]

그러나 『베네딕도 규칙서』에는 렉시오 디비나와 일의 구체적인 연관성에 대해 언급한 대목을 발견하기가 쉽지 않다. 오히려 성인은 "한가함이 영혼의 원수"(RB 48,1; RM 50,1-2; 집회 33,29 참조)임을 직시하고, 수도자들이 정해진 시간에 일하고 정해진 시간에 렉시오 디비나를 해야 한다고 권고한다. 여기서는 렉시오 디비나와 일이 연관되기보다 오히려 구별되는 인상을 준다. 베네딕도 성인은 렉시오 디비나가 수도생활에서 매우 중요하다는 것을 잘 알고 있었으므로, 수도자들이 일정한 시간 동안 일에 대한 걱정·근심으로부터 자유로워져 온전히 렉시오 디비나에 전념할 수 있도록 배려했다. 그래서 일하는 중에 성경 본문을 되뇌던 옛 수도자들의 수행에 대해서는 언급하지 않는다. 이 점에서 우리는 다음과 같은 가능성들을 생각해 볼 수 있다. 첫째, 당시에는 그것이 너무나 보편화된 수행이었기 때문에 굳이 재론할 필요를 못 느꼈을 수도 있다. 예를 들면 RB에는 서원의 내용 중 가난과 독신에 대한 특별한 언급이 없는데, 이는 당시 수도자들에게 가난과 독신이 너무 당연한 것들이었기 때문이다. 둘째, 노동의 상황이 변했다는 사실이다. 즉, 고대 수도원 문화에서의 단순 노동은 시간이 지나면서 점점 복잡해졌다. 그러므로 독서와 일을 고대 수도자들과 똑같이 실천할 수는 없었을 가능성도 배제할 수 없다. 드 보귀에 신부는 옛 수도 전통의 이런 훌륭한 유산이 후대에 와서 희미해진 것은 매우 유감스러운 일이라고 지적했다.[66]

성경 독서와 일이 구별되자 현대 수도자들은 성경 독서의 지루함을 피하기 위해 일에 심취한다. 성 아우구스티누스는 『신국론』에서, 수도자들이 활동에 너무 열심히 몰두하여 하느님을 관상하려는 열의가 없어진다면, 그것은 분명히 잘못된 것이라고 지적한다(19,19). 드 보귀에 신부 역시 심리학적 측면에서, 수도자들이 단순히 일에 너무 몰두하지 않도록 억제할 필요는 있어도, 일에 몰두하도록 자극할 필요는 없다고 강조한다.[67] 결론적으로, 옛 수도자들에게 렉시오 디비나 수행은 특정 시간으로 끝나는 것이 아니라, 독서 시간에 익힌 본문을 끊임없이 되뇜으로써 일하는 중에도 한결같이 지속되는 것이었다. 그리하여 수도자들 마음에는 온종일 하느님의 말씀이 울려 퍼질 수 있었던 것이다. 이런 중요성을 인식하면서 우리도 성경 독서 시간에 마음으로 배운 성경 말씀이 어떻게 우리의 일에서 분리되지 않고 연장될 수 있는지에 대해 생각해 볼 필요가 있다.

5. 독서의 목표와 효과

1) 목표

수도자들이 성경을 읽는 것은 하느님의 참된 지혜를 얻기 위해서이다. 그들은 성경 독서를 통해 세상 지식이 아니라 영적 지혜를 찾는다. 이 점에서 성 그레고리우스 대교황은 우리 모두가 하느님 말씀 안에서 그분의 마음을 배우고자 노력해야 한다고 했다(Ep 4,31). 오리게네스는 성경의 문자적 의미와 더 깊은 차원의 영적 의미를 구분하면서, 전자를 온갖 꽃들이 만발한 들판에, 후자를 그곳에 숨겨진 보물에 비유했다.[68] 그래서 그는 누구든지 성경을 읽을 때 항상 말씀의 더 깊은 의미를 찾아야 한다고 강조했다. 히에로니무스 성인은 성경 독서가 영혼에게 참된 깨달음을 주기 때문에, 그것이 곧 즐거움이고 기쁨이라는 것을 지적했다(Jerome, Ep 130).

오리게네스와 에바그리우스로부터 영향을 받은 요한 카시아누스는 『담화집』 제14권에서 성경 해석의 차원[69]을 다음과 같이 제시했다. 역사적 측면과 영적 측면이 바로 그것인데, 영적 측면은 다시 세 부분, 즉 은유적·윤리적(tropological) 의미와 우의적(allegorical) 의미 그리고 더 깊고 풍부한 유추적(analogical) 의미로 나뉜다.[70] 역사적·자구적 의미는 성경의 문자가 당시에 무슨 일이 있었는지를 알려 주는 것이며, 은유적·윤리적 의미는 성경 말씀을 통해 우리가 무엇을 행해야 하는지를 알려 준다. 그리고 우의적·우화적 의미는 말해진 것의 숨은 뜻을 밝힘으로써 우리가 무엇을 믿어야 할지를 가르치며, 마지막으로 유추적 의미란 종말론적 실재에 부합하는 영적 의미를 가리키는 것으로 우리가 궁극적으로 무엇을 바라야 하는지를 알려 준다.[71] 그러므로 수도자가 성경을 읽는 것은 단순히 성경의 표면적·문자적 의미를 알기보다는 오히려 그보다 더 깊은 단계인 천상적·영적 의미를 깨닫고자 함이다. 여기서 카시아누스는 관상이란 바로 성경에서 비롯됨을 강조하고 있다. 그는 절대적으로 순수한 마음을 가진 자만이 성경을 통해 하느님께로 향할 수 있고, 마침내 하느님과의 일치로 나아가게 된다고 보았다.

성 카시오도루스[72]는 "영원한 생명"을 얻는 것이 바로 성경 독서의 첫째 목적이라 했다. 수도자들은 성경 독서를 통해 단순히 성경에 대한 이해만을 심화시키려 했던 것은 아니었다. 거기서 더 나아가 성경에서 충만한 영적 자양분을 얻고, 신앙을 더욱 굳세게 함으로써 기도의 상태로 넘어가고, 마침내 하느님과 완전히 일치하여 "영적 변모의 신비"를 체험하고자 했던 것이다.[73] 그래서 초기 수도자들은 이런 성경 독서를 통해 마음을 정화시켰으며, 하늘의 빛을 받아 마침내 하느님과의 일치로 나아갈 수 있었다.[74] 성경 독서는 수도자를 한담과 잡담에서 벗어나 하느님 말씀에 귀 기울이게 하고, 그들을 기도로 인도하여 마침내 하느님께 나아가게 했다.[75] 바로 이것이 수도 전통에서 렉시오 디비나 수행이 의도했던 참된 목표였다.

2) 효과

성경 독서의 수행은 실제로 초기 수도자들에게 풍요로운 영적 결실을 맺게 했다.

- 성경 독서는 죄와 사탄의 유혹으로부터 그들을 지켜 주었다. 키프로스의 주교였던 에피파니우스는 성경 독서가 수도자들에게 죄를 피하게 하는 안전한 보호물이라고 했다. 더 나아가 그는 단순히 성경을 보기만 해도 죄에 덜 기울어지게 된다고 주장했다.[76] 요한 카시아누스는 『제도서』 제5권에서 '탐식'(gluttony)의 악덕을 이기는 수행 중 하나로 성경 독서를 권하고 있다.[77] 이렇듯 수도자들은 성경 독서가 사탄을 물리치고 죄에서 그들을 지켜 주리라 굳게 믿었다. 그러나 독서 중에 그들도 가끔 사탄의 유혹을 받았던 것으로 보아, 성경 독서

가 사탄의 방해를 항상 완벽히 막아 주지는 못했던 것 같다. 어느 날 한 원로가 자기 방에 앉아서 성경을 읽고 있는데 갑자기 사탄이 훼방을 놓았다. 사탄은 성경에 대한 자신의 지혜가 수도자의 지혜보다도 더 위대하다는 것을 입증하기 위해 그와 논쟁하기를 원했다.[78] 이런 예에도 불구하고 수도자들은 끊임없는 성경 독서가 죄와 사탄을 거슬러 싸울 수 있는 훌륭한 수행 가운데 하나라고 보았다.

● 성경 독서는 방황하는 마음과 정신을 고요하게 만드는 치료제이다. 에바그리우스의 『프락티코스』Praktikos는 여덟 가지 악덕과 싸우는 여러 수행을 제시했다. 여기서 그는 성경 독서·철야 기도를 방황하는 정신의 치료제로 들고 있다.[79]

● 성경 독서는 온갖 분심·잡념으로부터 우리를 지켜 준다. 요한 카시아누스는 『담화집』 제1권에서 모세 압바의 영적 권고를 전해 준다. 모세 압바는, 우리 안에서 끊임없이 일어나는 분심과 나쁜 생각들을 우리가 어쩌지는 못하겠지만, 그것을 받아들이고 안 받아들이고는 전적으로 우리에게 달려 있다는 사실을 주지시킨다. 그러므로 자주 성경을 읽고, 끊임없이 묵상하라고 권하고 있다.[80] 마이클 케이시도 이런 독서가 우리를 온갖 분심에서 지켜 준다고 주장한다.[81]

● 성경 독서는 하느님 말씀에 대한 참된 지혜를 얻게 해 준다. 특히 이 부분은 요한 카시아누스의 『담화집』 제14권에서 자주 언급되고 있다. 즉, 참된 지혜를 얻기 위해서는 부지런하고 끊임없는 독서가 필요하다는 것이다.

● 소리 내어 읽는 성경 독서는 다른 사람들에게 도움이 되며 다른 사람의 마음을 움직일 수도 있다. 아가톤 압바Abba Agathon와 다른 노수도자가 병들어 독방에 누워 있을 때, 어느 수도자가 창세기의 말씀

을 소리 내어 읽어 줌으로써 그들을 편안하게 해 주었다.[82] 소리 내어 읽는 성경 독서는 자신뿐만 아니라 다른 사람의 마음을 움직여 통회의 눈물을 흘리게 할 수도 있다. 세라피온 압바가 이집트의 어느 마을을 지나다가 창녀와 하룻밤을 보내게 되었다. 그는 기도를 하는 것이 자신의 의무라고 먼저 양해를 구한 뒤, 문을 닫아걸고 그녀를 위해 시편과 사도 서간을 읽고 기도했다. 얼마가 지나자 밖에서 기다리던 그녀는, 압바가 죄를 짓기 위해서 온 것이 아니라 그녀의 영혼을 구하러 왔다는 사실을 깨닫고 통회의 눈물을 흘렸다.[83]

결국 수도자들은 성경 독서로 정신을 집중하여 사탄을 이기고 죄를 멀리할 수 있었으며, 성경의 참된 영적 인식도 얻을 수 있었다. 성경 독서는 자신을 넘어 다른 사람에게까지도 영향을 미칠 수 있다.

6. 독서의 조건

1) 시간

성경 독서를 꾸준히 하는 데는 정해진 독서 시간이 요구된다. 성경은 시간이 남을 때 아무 때나 후다닥 읽어도 좋은 책이 아니다. 그럴 경우 집중해서 읽는 것은 불가능하며, 하느님 말씀에 담긴 깊은 의미를 파악하기도 어렵다. 그러므로 성경 독서를 다른 책들과 같은 차원에서 접근하는 것은 위험하다. 하느님의 말씀을 올바로 읽고 듣기 위해서는 여유롭고 넉넉한 시간이 절대 필요하다. 복잡한 일이나 사람들과의 빈번한 관계로부터 자유롭고 편한 시간이어야 쉽게 집중해서 성경을 읽고 들을 수 있다. 바쁘게 현대를 살아가면서 성경 독서에 짧은 시간조차 할애하지 못하고 사는 모든 그리스도인에게 성 암브로시우스의 충고는 매우 의미심장하다. "왜 당신은 성경을 읽기 위해 자유로운 시간을 그분께 봉헌하지 않습니까? 당신은 그리스도와 대화하기를 원치 않으십니까? 어찌하여 당신은 그분을 찾지도, 그분께 귀 기울이지도 않습니까? 우리가 성경을 읽을 때 우리는 그분께 귀 기울이는 것입니다."[84]

많은 수도 교부가 렉시오 디비나를 위해 시간을 정할 것을 권하는 것도 이런 의미에서다. 사실 초기 이집트 수도자들은 성경 독서를 위해 따로 시간을 할애하지는 않았지만 언제나 성경을 읽고 반추함으로써 늘 하느님 말씀의 현존 안에서 살았다. 그러나 서방 수도자들은 하루 중 성경 독서를 위한 정해진 시간의 필요성을 절감했다. 성 아우구스티누스는 『수도승들의 노동』De Opere Monachorum[85]에서 수도자들이 일을 하면서도 시편을 암송할 것을 강조하면서, 이를 위해서는 아무것에도 방해받지 않고 암송할 문구를 기억에 저장할 시간, 즉 독립된 여유 시간이 필요하다고 말했다. 아우구스티누스와 타가스테에서 수도생활을 함께했다는 친구 알리피우스Alipius의 『수도원 규정서』 Ordo Monasterii를 보면, 수도자들이 제6시부터 제9시(요즘 시간으로는 대략 12~15시)까지 독서에 전념해야 한다고 되어 있다.[86] 이것은 몸을 위한 음식을 들기 전에 먼저 영혼의 양식을 취하는 것이 필요하다는 점을 고려한 것이다.

410년경 프랑스 남부 레랭Lérins에서 작성된 『네 교부들의 규칙서』 (RIVP)도 제1시부터 제3시(요즘 시간으로는 대략 오전 7~9시)를 하느님께 온전히 봉헌해야 할 시간이라고 정해 두었다.[87] 그때는 독서와 묵상이 혼용되곤 했기 때문에, 이것만 가지고는 당시 수도자들이 하느님께 봉헌된 이 시간에 독서와 묵상을 어떻게 구분해서 행했는지 알 수 없다. 그러므로 여기서 사용된 라틴어 Deo vacetur는 독서와 묵상을 모두 함축하고 있다고 봐도 좋겠다. 515년경에 쓰인 『동방 규칙서』(RO)는 특별한 일이 없는 한 형제들은 제3시까지 독서를 할 수 있다고 규정한다.[88] 535년경에 쓰인 『교부들의 제3 규칙서』(3RP)는 형제들이 새벽 기도 후부터 제2시까지 독서에 전념해야 함을 강조한다.[89] 성 베네딕도 역시 렉시오 디비나를 위해 일정 시간을 정했다.[90] 성 티어리의 윌리엄 아빠스도 『황금 서간』에서 성경 독서를 위해 정해진 시간의 중요성을 강조하고 있다.[91]

이렇듯 수도 전통에서 정해진 시간에 성경 독서를 하는 것은 매우 중요했다. 그러므로 우리가 성경 독서를 하고자 할 때 아무 시간이나 남는 시간에 대충 하는 것보다는 일정 시간을 정해 놓고 매일 꾸준히 해 나가는 것이 좋다. 그 시간을 '하느님께 봉헌된 시간'으로 여기고 하느님의 말씀에 온전히 전념해야 한다. 그런 여유가 있어야 비로소 성경의 말씀을 온 존재로 읽고 경청할 수 있다. 마이클 케이시는 렉시오 디비나 시간을 외국어를 배우는 데 비유한다. 렉시오 디비나에 충분한 시간을 할애하지 않는다면, 렉시오 디비나를 통한 영적 진보는 불가능하다는 것이다.[92]

그러므로 렉시오 디비나를 위해 정해진 시간은 우리에게 당연히 필요하다. 그러나 정확히 얼마의 시간을 할애해야 하는가, 또 언제 행해야 하는가는 상황에 따라 달라질 수 있다. 매일 새벽이나 하루 일과 시작 전에 적어도 30분을 할애하여 규칙적으로 성경을 읽어 나간다면 매우 바람직할 것이다. 가급적 아침에 성경 독서 시간을 갖고, 그날의 독서와 복음 말씀 중에서 종일토록 되씹고 암송할 성경 구절을 찾는 것이 바람직할 것이다. 독서란 묵상거리를 찾는 시간이며, 교회는 전례적으로 매일 미사 독서와 복음을 통해 새롭게 말씀을 선포하고 있기 때문이다.

2) 장소

성경은 어디에서 읽어야 하는가? 한 장소만 고집할 필요는 없다. 저마다 처한 상황이 다르기 때문이다. 분주한 일터나 사람들이 수시로 드나드는 번잡한 곳은 성경 독서를 위해 그리 좋은 장소가 아니라는 점은 분명하다. 대개 수도자들은 개인 독방이나 공동 독서실, 도서실, 정원 등 수도원의 조용한 분위기 속에서 성경을 읽었다. 그들은 성경 독서 시간에 아무 방해 없이, 각자 고요한 곳에서 독서에 전념할 수 있었다. 『베네딕도 규칙서』는 렉시오 디비나 시간에 한두 사람의 장로가 수도원을 돌아다니면서 형제들을 지켜보라고 권한다(RB 48,17-18). 여기서 우리는 당시 베네딕도회 수도자들이 『스승의 규칙서』에서 권하는 것처럼 수도원의 특정한 곳에 그룹별로 모여 렉시오 디비나를 한 것이 아니라, 수도원의 여러 고요한 장소에서 개인적으로 행했음을 알 수 있다.

성경 독서를 위해 고요한 분위기가 유지될 수 있는 공간이 있다면 매우 바람직할 것이다. 그런 장소는 쉽게 성경에 집중하여 하느님 말씀을 귀 기울여 듣기에 좋다. 거기가 바로 영적 투쟁의 장소이며, 하느님을 만나는 거룩한 장소이다. 엔조 비앙키는 말한다. "하느님은 이곳에서 여러분 마음의 건조한 공백을 풍부한 계곡과 희망의 문턱으로 옮겨 주신다. 그분은 여러분의 마음에 직접 말씀하시기 위해, 그리고 여러분에게 신적인 선물들을 채워 주시기 위하여 여러분을 더 가까이 부르신다."[93] 주님은 기도하기를 원하는 자에게 말씀하신다. "너는 기도할 때 골방에 들어가 문을 닫은 다음, 숨어 계신 네 아버지께 기도하여라. 그러면 숨은 일도 보시는 네 아버지께서 너에게 갚아 주실 것이다"(마태 6,6). 적당한 장소를 확보하면 성경 독서를 잘하는 데 매우 도움이 된다. 그곳은 바로 호세아 예언자가 말한 "빈 들" 같아서, 그분은 우리를 거기로 부르시어 당신의 충만한 사랑을 속삭여 주시고자 한다(호세 2,16 참조). 다락방이든 지하실이든 어디든지 좋다. 십자가와 촛불, 그리고 성경을 앞에 놓고 다소곳이 앉을 수 있는 공간이면 충분하다.

3) 순서

성경 독서를 할 때 어디서부터 읽어야 한다는 명확한 규정은 없다. 자기 나름의 순서를 정해 꾸준히 읽어 나가면 된다. 그러나 좋아하는 구절만 선별적으로 읽는 것은 그리 도움이 되지 않는다. 그것은 편식과 같다. 하느님의 말씀은 전체적인 맥락에서 이해되어야 한다. 구약과 신약은 서로 깊은 연관성을 가지고 있기 때문이다. 성경 전체는 하느님의 구원사를 보여 준다. 아래 제시하는 순서를 참고하면 도움이 될 것이다.

첫째, 원래 순서에 따라 구약 창세기부터 신약 요한 묵시록까지 인내를 가지고 매일 읽는다.

둘째, 구약이 약간 지루하고 어렵게 느껴지면 순서를 바꾸어 신약 마태오 복음부터 묵시록까지 읽고, 다시 구약 창세기부터 마카베오 하권까지 매일 읽는다.

셋째, '성서 40주간'의 순서에 따라 매일 규정된 성경 본문을 읽어 나가도 된다. 꾸준히만 한다면 성경 전체를 읽는 데 1년 남짓 걸린다.

넷째, 그날의 미사 독서와 복음 말씀에 따라 읽어 나갈 수도 있다. 3년 정도 꾸준히 교회 전례에 따라 성경을 읽어 나가면 거의 성경을 통독하게 된다. 필자는 오래전부터 이 방법으로 성경 독서를 해 오고 있는데, 다른 사람들에게도 적극 권하고 있다. 그날의 독서와 복음은 하느님이 매일 교회의 공적 전례를 통해 구체적으로 우리에게 말씀을 선포하시며 당신 자신을 우리에게 건네시는 사랑의 메시지이기 때문이다. 엔조 비앙키에 따르면 교회가 제시하는 매일 미사의 독서와 복음 말씀은 살아 있는 신앙을 위한 최소한을 제공한다.[94]

이 외에도 여러 다른 방법이 있을 수 있으니 각자 자기에게 도움될 방법을 스스로 택하면 되겠다. 그러나 어떤 방법을 택하더라도 성경 읽기를 빨리 끝내기 위해 성급히 다음으로 넘어가서는 안 된다. 이 점 대단히 중요하다. 신·망·애 안에서 순수한 마음으로 오히려 더 천천히 성경을 읽어야 한다. 하느님 말씀의 영적 의미를 깨닫는 데 반드시 많은 분량의 말씀이 필요한 것은 아니다. 이집트의 안토니우스 성인이 수도자가 되기 전에 하루는 성당에 갔다. 그때 사제가 복음을 봉독하고 있었는데, 그중 어느 한 말씀을 듣는 순간 갑자기 마음이 뜨겁게 타오르기 시작했다. "네가 완전한 사람이 되려거든, 가서 너의 재산을 팔아 가난한 이들에게 주어라. 그러면 네가 하늘에서 보물을 차지하게 될 것이다. 그리고 와서 나를 따라라"(마태 19,21). 그는 그 말씀에 따라 즉시 자신의 모든 것을 가난한 이들에게 나누어 주고 하느님을 따랐다. 이 경우처럼 우리가 하느님의 말씀을 깨닫기 위해서는 반드시 많은 성경 말씀이 필요한 것은 아니다. 독일의 신학자·종교개혁자 마르틴 루터Martin Luther(1483~1546)의 특별한 탑실 체험을 들어 보자. 그는 로마서 1장 17절, "의로운 이는 믿음으로 살 것이다"라는 성경 말씀을 비텐베르크 수도원 탑실에서 깊이 묵상하던 중, 인간은 자신의 선행이나 공덕으로써가 아니라 오직 하느님의 은총으로써만 구원되고 신앙 안에서만 의롭게 된다는 깊은 통찰에 이르렀다. 이로써 그는 자신을 끊임없이 괴롭히던 불안과 죄의식에서 벗어나 마음의 평화를 누리게 되었다. 이렇게 성령은 한 말씀을 가지고도 어느 순간 우리 가슴을 뜨겁게 태울 수 있다. 그러므로 매일의 분량에 쫓겨 성경을 의무적으로 급히 읽고 싶은 유혹에 빠지는 것을 경계할 일이다.

5 수도 전통에 따른 묵상: '반추기도'

이 장에서는 영적 사다리의 둘째 단계인 묵상에 대해서 살펴 보고자 한다. 여기서 묵상은 하느님 말씀에 대한 묵상을 의미한다. 그러나 귀고의 묵상 개념은 고대 이집트 수도자들의 묵상 수행과 동일하지 않다. 그러므로 먼저 귀고의 묵상 개념에 대해 고찰한 후, 수도 전통에서 행해진 묵상의 더 근원적인 원천들을 살펴보자.

1. 귀고 2세의 묵상 개념

귀고 2세는 『수도승의 사다리』에서 렉시오 디비나의 전체적인 체계를 일목요연하게 제시하면서 묵상에 대해서 설명한다. 그러나 필자는 귀고의 묵상에 대한 견해에 전적으로 동의하지는 않는다. 왜냐하면 그의 저서에서 언급되는 묵상 개념이 초기 이집트 수도자들의 단순한 묵상 개념과 차이가 있기 때문이다. 귀고가 간혹 그의 저서에서 묵상을 "씹어 분해하는 것"[1]이라고 표현하고는 있지만, 전체적으로 그가 이해하는 묵상 개념은 이성의 도움에 의한 정신의 활동(mentis actio) 혹은 숙고(inquirit)라는 인상을 준다.[2] 그래서 그는 제5장에서 묵상의 역할을 설명하면서 구체적으로 다음과 같이 말한다. "거룩한 사람인 욥이, '나는 내 눈과 계약을 맺었는데 어찌 젊은 여자에게 눈길을 보내리오'(욥 31,1)라고 말했을 때, 묵상은 그가 얼마나 이런 순결을 유지하려 애썼는가를 생각합니다."[3] 이어서 그는 베타니아의 나환자 시몬의 집에서 일어났던 일화(마르 14,3-9 참조)를 인용하면서 이렇게 설명한다. 한 여인이 값비싼 나르드 향유가 든 옥합을 가져와 주님을 위해 깨뜨렸을 때, 우리 영혼은 미각이 아니라 후각을 통해 그 향기를 맡아야 하며, 영혼은 묵상을 통해 그것이 얼마나 감미로운 것인가를 추론하게 된다는 것이다.[4] 성 이냐시오St. Ignatius Loyola(1491/5~1556)가 『영신수련』에서 "상상의 눈"이나 "상상의 귀" 혹은 "상상의 코"를 사용하는 것을 적극적으로 강조했듯이,[5] 우연히도 귀고 역시 그 성경 구절을 묵상하면서 "상상의 코"를 사용함에 대해서 언급했다. 귀고는 제12장의 종합 부분과 제14장의 몇 가지 결론들에 관한 장에서도, 묵상을 "숙고하고, 깊이 생각하는 것"이라고 정의한다.[6] 결국 귀고가 『수도승의 사다리』에서 제시하는 묵상 개념은 이성과 상상을 적극적으로 권장하는 현대의 많은 추론적인 묵상 방법과 어떤 면에서 비슷해 보인다.

사실 12세기 이후 스콜라 학문의 발전으로, 묵상 개념이 지성적인 면을 내포하게 되었다. 그래서 본래의 묵상의 개념에 '생각'(cogitatio), '숙고'(consideratio), '연구'(studium)와 같은 지성적인 의미가 첨가되었고, 점차 이런 의미들로 대체되기 시작했다.[7] 귀고 역시 그 시대의 영향으로부터 완전히 자유롭지는 못했으며, 이 점에서 (성경 말씀을 신·망·애 안에서 단순히 되새김하던) 초기 수도자들의 수행과는 다소 거리가 있다.

2. 수도 전통에서의 단순한 묵상

1) 묵상의 의미

묵상이란 무엇인가? 오늘날 널리 알려진 이냐시오 묵상법이나 가르멜 묵상법, 슐피즈 묵상법처럼 상상과 추리를 요구하는 추론적 묵상법들의 영향 때문에, '묵상'을 추리나 상상으로 여기는 사람들이 많은 것 같다. 그러나 묵상이란 본래 그런 뜻이 아니었다. 특히 고대 수도 전통에서는 구조화되지 않고 체계화되지 않은 단순한 묵상 방법을 제시한다. 이것은 누구든지 쉽게 언제든지 실천할 수 있는 성경 묵상법이다. 여기에서 요구하는 것은 단지 그냥 단순하게 그리고 순수한 마음으로 항구하게 성경의 말씀을 되뇌라는 것이다.

어원적으로, 라틴어 meditari(묵상하다)는 "하느님의 말씀을 내면으로 받아들인다"는 뜻인 그리스어 *meletân*에서 왔으며 이것은 다시 "어떤 것을 반쯤 소리 내어 중얼거린다"는 뜻의 히브리어 *haga*에서 왔다.[8] 따라서 고대나 중세 수도자들의 묵상은 당연히 성경 본문을 작은 소리로 읽고 마음으로 그 구절의 충만한 의미를 배우는 것을 의미했다. 즉, 영혼과 육체의 전(全) 인간이 성경 본문을 작은 소리로 끊임없이 반복·암송하고 마음에 각인시키는 단순한 방법이었다.[9] 우리는 『사막 교부들의 금언집』에서 *meletê*(묵상)가 암송으로 사용되고 있음을 볼 수 있다. 즉, 고대 수도자들에게 묵상은 오늘날과 같이 내적으로 말씀을 복잡하게 숙고하는 것이 아니라 눈으로 본 것을 입술로 소리 내어 읽고 듣는 수행이었다. 어느 날 암모에스 압바Abba Ammoes와 비티미우스 압바Abba Bitimius는 아킬레스 압바Abba Achilles를 뵈러 갔다. 그런데 그들은 아킬레스 압바가 창세기 46장 3절 — "야곱아, 이집트로 내려가는 것을 두려워하지 마라" — 을 오랫동안 묵상하는 소리를 듣고 기다렸다가 후에 그분의 문을 두드렸다고 한다.[10] 파코미우스 역시 *meletê*를 성경 암송으로 이해했으며, 아우구스티누스도 그 용어를 '반복'이란 뜻으로 사용했다. 우리는 고대 규칙서들에서 이런 예를 자주 발견한다.

장 르클레르그 신부는 meditatio(묵상)를 이렇게 분석했다. 고전 라틴어권에서 meditatio와 meditari(묵상하다)는 세속적인 의미로 '생각',

'숙고'를 의미했고 시와 음악, 수사학, 육체적 훈련이나 운동 그리고 윤리적 실천에 적용되었다. 반면 그리스도교에서는 통상 그 단어를 성경이나 성경 주석을 언급할 때 사용했다. 그러나 수도 전통에서는 이 두 상이한 의미가 모두 받아들여졌다. 아무튼 수도 전통에서 meditatio는 기억된 성경 본문에 대한 반복 암송을 뜻했다.[11] 드 보귀에 신부는 말한다. "이것은 오늘날 우리의 묵상처럼 오롯이 내면적인 행위가 아니라, 입과 정신 모두를 사용하는 과정으로서 암송과 같다. 이것은 생각이나 느낌을 형성할 뿐만 아니라, 무엇보다 어떤 본문을 암송하는 것을 뜻한다."[12] 그래서 『파코미우스 규칙서』를 따르는 수도자들은 한순간도 성경 말씀이 그들을 떠나지 않도록 노력했다. 그들은 일할 때도 성경의 어떤 구절을 중얼거림이나 암송의 형식으로 계속 묵상했다. 이렇게 수도자들은 성경의 한 말씀을 온전히 자기 것이 되도록 끊임없이 되새기고 맛보았다. 바로 이 되새김이 수도 전통에서 행해진 독특한 묵상 방법이다. 고대 수도 전통에서는 성경에 대한 묵상과 되새김이 정확하게 구분되지 않았다. 그래서 묵상이 종종 되새김의 뜻으로 사용되기도 했다.

2) 되새김

수도자들은 성경을 끊임없이 읽고, 듣고, 기억하며, 그것을 반복적으로 되풀이하고 되씹음으로써 말씀으로부터 영적 자양분을 얻는다. 이 과정을 가장 잘 묘사한 단어가 바로 ruminatio(되새김, 반추)다. 이는 소나 낙타가 음식을 저장했다가 그것을 살과 뼈에 스며들 때까지 천천히 되새김하는 것과 같다. 즉, 기도하는 마음으로 성경 본문을 되씹어 맛보고 그 본문의 깊고 충만한 의미를 깨달아 자기 것으로 만드는 것이다.[13] 특히 이런 되새김은 수도 전통에서 상당히 중요한 수행 중 하나였다. 사막 교부 마카리우스Abba Macarius는 우리 모두가 되새김하는 양처럼 음식을 되씹음으로써 음식의 단맛을 보고 마침내 마음 가장 깊은 곳으로 그 음식을 집어넣어야 한다고 강조했다. 파코미우스 성인은 소임지에서나 함께 있을 때나 혼자 있을 때나 늘 성경 말씀이 그들의 마음속에서 계속 반복되기를 원했다(Praec. 3, 6, 13, 28, 36-7, 59, 116, 122 참조). 파코미우스와 그의 형제들은 일을 마치고 돌아오면서 모두 거룩한 성경 말씀을 되뇌었다.[14] 히에로니무스 성인도 끊임없는 독서와 반복 묵상을 통해 사람들은 자신의 마음을 "그리스도의 서고書庫"로 만든다고 한다(편지 60,10).[15] 요한 카시아누스는 끊임없는 묵상이 마음을 채우고 우리를 형성할 때까지 스스로 열심히, 쉼 없이 렉시오 디비나를 하라고 권한다. 또한 수도자는 일하면서 성경 본문을 묵상해야 한다고 한다(제도집 2,14-15; 4,12 참조). 여기서의 묵상은 말할 것도 없이 되새김 수행을 의미한다.

  펠라기우스도 이 수행의 중요성을 인식했으며, 그와 동시대 사람인 성 아우구스티누스는 독서를 온종일 지속되는 되새김과 연관 지어 펠라기우스보다 더 분명하게 언급했다. 그는 마태오 복음 4장 4절을 주석하면서, "사람이 매일 빵을 먹듯 낮에는 물론, 밤에도 복음을 먹어야 한다"고 했다. 말씀을 듣거나 읽는 것은 음식을 먹는 것과 같고, 말씀을 곰곰이 생각하는 것은 되새김과 같기 때문이다.[16] 현명한 사람은 하느님의 말씀을 계속 되씹거니와, 수도자들은 일하는 중에도 시편을 낭송하고 되새김을 계속해야 한다(De Opera Monachorum 17.20). 훗날 카이시리우스는 『수녀들을 위한 규칙서』에서 식당이나 일터에서 공동 독서가 끝나더라도 마음에서까지 되새김이 멈추면 안 된다고 강조했다(*RCV* 18.20.22 참조).

베네딕도 성인도 되새김의 중요성을 인식했지만, 노동 중의 되새김에 대해서는 언급하지 않았다. 이것이 일하면서 계속 성구를 되뇌던 *RB* 이전의 모습과 크게 다른 점이다. 드 보귀에 신부는 베네딕도회 수도생활의 핵심적 표현, "Ora et Labora"(기도하며 일하라)만으로는 불충분하므로 더 분명하게 "Ora et Labora et Lege et Meditare"(기도하며 일하고, 읽고 묵상하라)로 바뀌어야 한다고 주장한다. 수도생활에서 되새김이 없다면 독서의 진전도, 계속적인 기도의 뒷받침도 없어서 그 생활이 불완전할 수 있기 때문이다.[17] 아무튼 이런 되새김은 베네딕도 이후에도 계속 강조되었다. 그래서 12세기의 성 안셀무스는 독서자는 자기의 구원자이신 분의 선을 맛보아야 하고, 그분의 말씀을 되씹어야 한다면서, 되새김의 과정을 아주 생생하게 묘사한 바 있다. "당신은 그분 말씀의 벌집을 씹고, 그 맛을 빨아들여라. 그것은 수액보다 더 달콤하다. … 생각으로 씹고 이해로써 빨아들이고 사랑과 환희로써 들이켜라"(*Meditatio Redemptionis Humanae* 8-11 참조). 성 베르나르두스 역시 수도자들이 반추동물처럼 말씀을 끊임없이 되뇌야 한다고 한다. "내가 성경을 달콤하게 반추함으로써 나의 내장이 채워진다" (Sermo 16 Super Cantica II. 2, Opera Omnia I, ed).

이렇게 묵상 과정으로서의 되새김이 중세 수도 전통에까지 면면히 이어지다가, 중세와 근대의 분기점인 르네상스를 거치면서 합리적이고 체계적인 묵상 방법들이 널리 퍼지게 되었다. 사실 어원에서 보듯이 고대나 중세까지만 해도 묵상과 되새김은 별 구분 없이 사용되었다. 그러나 근세 이후 묵상에 이성과 추리의 요소들이 첨가되면서 서서히 묵상과 되새김은 멀어져 갔고, 급기야 후자는 거의 잊혀지게 되었다. 중세까지 단순하고 독특하게 행해지던 성경 묵상의 구체적 수단(되새김 수행)이 잊혀졌다는 것은 수도 영성의 큰 불행이 아닐 수 없다. 그래서 오늘날 수도 전통을 따르는 수도자들마저도 그런 방법이 무엇인지, 심지어 그런 방법이 있었는지조차 모르는 경우도 없지 않다. 수도자들은 끊임없이 성경 본문을 암송하고 반복하고 되씹음으로써, 헛된 세상의 가치에 휩쓸리지 말고 온갖 유혹으로부터 자신을 지키며 하느님의 말씀 안에 온전히 머물러 있어야 한다. 이 점에서 장 르클레르크 신부는 '끊임없는 반복'과 '되새김' 수행이 수도자들의 내적 생활을 훨씬 풍요롭게 한다고 강조했다.

3. 반추기도

수도 전통에서 행해진 하느님 말씀을 암송의 형식으로 되새김하는 묵상의 수행을 필자는 '반추기도'라 불렀다. 이제 반추기도에 대해 살펴보자.

1) 개념

되새김, 되씹음을 하는 반추동물은 161여 종이나 되는데, 소·낙타·면양·산양·사슴·물소 등이 이에 속한다. 반추동물은 다른 동물과 달리 대개 위를 네 개씩 가지고 있다. 이 동물들은 처음에 음식물을 적당히 소화하여 주로 위로 보냈다가 그것을 다시 입으로 토출, 재저작하고, 타액과 함께 재혼합한 다음 재연하하는데 이런 일련의 과정을 반추라고 한다. 즉, 반추란 토출-재저작-재혼합-재연하의 네 과정을 말한다.[18] 반추기도란 반추동물이 삼킨 음식물을 토출하고 재저작하고 재연하하여 완전히 자신의 살과 피가 되게 하듯이 말씀을 온전히 나의 것이 되게 하는 독특한 수행이다. 수도자들은 성경의 말씀을 소리 내어 읽고 들으며, 그 말씀을 기억에 간직해 두었다가 일터에서, 혹은 혼자 산책하거나 기도할 때 그 말씀을 토출해 내어 그것을 다시 천천히 되씹고, 그 말씀을 마음에 재연하시킴으로써 온전히 그 말씀을 자신의 것으로 만드는, 단순하지만 독특한 묵상을 실천했다. 이런 되새김 수행은 이미 구약성경에도 언급된다. 여호수아기에 의하면 "이 율법서의 말씀이 네 입에서 떠나지 않도록 그것을 밤낮으로 되뇌어라"(1,8)라고 권고하며, 시편 저자 역시 "행복하여라! … 주님의 가르침을 좋아하고 그분의 가르침을 밤낮으로 되새기는 사람"(1,1-2)이라고 말한다. 이렇게 천천히 말씀을 되새김으로써 그 말씀이 내 안에 생생히 살아 현존하게 하는 수행이 바로 반추기도이다.

2) 신·망·애

반추동물이 음식물을 섭취하여 일단 그것을 위에 저장했다가 다시 토출하여 되새김하듯이, 우리도 하루 중 적당한 아침 시간에 성경 독서를 하면서 마음에 특별히 와 닿는 구절이 있으면 일단 쪽지에 기록하거나 기억해 둘 필요가 있다. 여기서 기억이나 쪽지는 반추동물의 위와 같은 기능을 한다. 그리고 일할 때나 휴식할 때, 혹은 묵상 시간에 집중적으로 그 말씀을 되새김한다. 이때 그냥 말씀을 반복하는 것이 아니다. 반추동물은 되새김할 때 그냥 되씹는 것이 아니다. 제1위에 있는 미생물 혹은 입속에서 나오는 타액의 작용을 받아 쉽게 음식물을 소화한다. 마찬가지로 반추기도 역시 말씀만을 단순히 되뇌는 것이 아니라, 우리 내면이 진정한 믿음과 희망과 사랑의 정신으로 충만해 있을 때, 그 말씀은 이런 것들과 잘 작용하여 온전히 우리의 존재와 하나 되는 것이다. 신·망·애의 정신이 없이는 아무리 열심히, 오랫동안 성경의 말씀을 되새겨도 별로 도움이 되지 못하고 오히려 시간만 낭비한다. 반추동물의 침이나 미생물, 소화액과 같이 신·망·애의 정신 안에서 성경 말씀을 반추할 때 우리는 놀라운 변화를 체험하게 될 것이다.

3) 항구성

반추동물은 음식물을 완전히 소화하기 위해 하루에 6~9시간을 반추에 할애한다. 반추동물들에게 반추는 생존의 문제다. 그러나 우리 중 과연 몇 명이나 성경 묵상에 생존이 달렸다고 생각하고, 하루 6~9시간을 할애하고 있는지 의심스럽다. 솔직히 하루에 이렇게 오랜 시간 반추기도를 한다는 것이 현대인들에게는 불가능할지도 모른다. 그러므로 최소한 하루에 30분만이라도 규칙적으로 반추기도를 해 나간다면 영성생활에 크게 도움이 될 것이다. 여기서 중요한 것은 규칙적으로 항구하게 해 나가야 한다는 것이다. 성인·성녀들의 삶에 공통점이 있다면 그것은 한결같은 집요함과 항구함이다. 영성생활에 이것이 빠지면 하느님 안에 깊이 뿌리내리기 힘들다. 성경 독서나 성경 묵상을 하고자 하는 모든 사람에게 진실로 이런 집요함과 항구함을 견지하라고 권하고 싶다. 때로는 회의와 무료함 그리고 지루함이 엄습하겠지만, 그럴수록 더욱 하느님께 신뢰를 저버리지 말고 계속 수행해 나가기를 바란다. 영성생활에 특별하고 기이한 비책이란 없다. 매일매일 그냥 단순한 마음, 순수한 마음, 신·망·애의 마음으로 성경을 읽고 반추하고 맛 들이면서 살아갈 따름이다. 이런 매일의 규칙적이고 반복적인 성경 되새김은 우리의 영성생활을 더욱 풍요롭게 만들고 하느님 안에 머무르는 지혜를 알려 줄 것이다.

4) 공동체적 차원

렉시오 디비나의 첫째 단계인 성경 독서는 능동적인 독서로서 각자 작은 소리로 성경 말씀을 읽고 들어야 하기 때문에, 공동으로 한 장소에서 수행할 경우, 여러 가지 문제가 발생한다. 그러므로 성경 독서는 각자 남에게 방해받지 않는 조용한 곳에서 하는 것이 좋다. 그러나 렉시오 디비나의 둘째 단계인 반추기도는 홀로 행하기보다는 여럿이 함께할 때 오히려 더 도움이 될 수 있다. 공동 수행을 하면 게을러질 위험으로부터 자신을 지킬 수 있으며, 쉽게 포기하고 싶은 마음도 견제받을 수 있다. 공동으로 반추기도를 할 때 우리는 서로를 의식하기 때문에 서로를 지키고 도와줄 수 있다. 또한 함께 행할 때 우리는 우리와 함께 계시는 성령의 현존을 더 깊이 느낄 수 있다. 그분은 "두 사람이나 세 사람이라도 내 이름으로 모인 곳에는 나도 함께 있습니다"(마태 18,20)라고 말씀하셨기 때문이다. 반추기도 중에 한 사람의 자세가 흐트러지면 자칫 공동체 전체가 흐트러질 수 있다. 그러므로 각자는 혼자가 아니라 함께 있음을 더 의식하게 된다. 그래서 반추기도는 더불어 하는 것이 좋다.

5) 성경 독서로부터

오늘날 수많은 묵상 방법이 제시되고 있다. 그러나 개중에는 성경에 전혀 기반을 두지 않는 묵상도 있는데, 그것들은 자칫 신자들을 현혹시키거나, 실재보다는 현상에 더 주목하게 할 위험을 내포하고 있다. 이에 비해 반추기도는 언제나 하느님의 말씀을 중요하게 여긴다. 수도자들에게 성경은 그들의 영적 삶을 인도하는 빛과도 같다. 그러므로 수도 전통에서 행했던 묵상인 반추기도는 엄격히 성경으로부터 비롯된다. 성경 독서 없는 반추기도는 있을 수 없다. 반추기도는 성경 독서에서 온다. 즉, 반추기도 중에 되뇌는 성구는 성경 독서 때 선택된다. 성경 독서 중에 어떤 한 구절을 기억이나 쪽지에 간직했다가 그 구절을 떠올려 되뇌는 것이 반추기도이다. 이처럼 성경 독서나 성경 묵상은 서로 긴밀히 연관되어 있다. 그리고 이 두 수행에서는 은총 속에서 행하는 인간의 능동적인 측면이 특별히 강조된다.

6) 성경 주석서 사용에 대해

반추기도에서는 초점이 말씀 그 자체에 있지, 말씀을 풀이하거나 설명해 놓은 다른 책들에 있지 않다. 반추기도가 의도하는 것은 말씀에 관한 풍부한 지식을 얻고자 하는 것이 아니라, 단지 그 말씀의 현존에 머무르기 위한 것이다. 이탈리아 보제 공동체의 원장 엔조 비앙키는 인간 지성의 필요성에 대해 언급하면서, 묵상 때 성경 어휘 사전이나 주석서들 그리고 교부들의 작품을 참조할 것을 권하고 있다.[19] 그러나 이런 방법은 자칫 묵상 시간에 우리의 이성을 능동적으로 사용하여 지적인 측면으로 떨어지게 할 수 있는 위험을 내포한다. 반추기도는 성령의 역사하심에 자연스럽게 우리의 모든 것을 내맡기는 시간이다. 그러므로 성경 묵상인 반추기도 시간에는 오직 성경 말씀 안에 고요히 머물기를 권하고 싶다. 만약 그러한 학문적인 책들이 필요하거나 도움이 된다면, 그것은 '반추기도' 시간이 아닌 다른 시간에 얼마든지 참고할 수 있다. 예를 들면 성경 독서 시간이나 개인 시간을 최대한 활용하면 될 것이다. 이런 점에서 비앙키의 견해에 전적으로 동의할 수는 없다. 반추기도 시간은 무엇을 이지적으로 찾는 시간이라기보다는, 고요히 마음을 비우고 신·망·애 안에서 한 말씀의 가난에 우리의 전 존재를 투신하여 그 말씀에 머무는 시간이다. 반추기도는 말씀을 머리가 아닌 온 마음으로 받아들이며 기다리는 시간이다.

4. 반추기도와 화두

선불교의 공안(화두)은 약 1,700여 종류가 있다.[20] 공안은 문자 그대로 '공적 문안'이라는 뜻으로, 원래는 국경을 넘나들 때 사용하는 일종의 '통행증' 같은 것을 의미했지만, 선에서 공안은 깨달음을 가늠하는 역설적 화두를 뜻한다. 선불교에서는 흔히 스승이 제자에게 화두를 주는데, 이때 제자들은 온 힘을 다하여 자신의 전 존재로서 그 화두를 깨쳐야 한다. 스승이 질문했을 때 제자가 적절한 대답을 했다는 것은 선의 국경, 즉 깨달음의 경계를 넘었다는 뜻이다. 제자는 이런 공안을 좌선할 때뿐만 아니라, 매일 매 순간 놓치지 않고 온 힘을 다해 풀어야 한다. 조계종 11대 종정 법전 스님은 2001년 동안거 때 선승들에게 화두 일념의 중요성에 대해서 이렇게 강조했다. "의심이 죽어 있으면 결제를 해도 결제가 아니요, 의심이 살아 있으면 해제를 해도 해제가 아니다. 오줌똥 누는 일도 화두 없이는 안 한다는 각오로 모든 행동에 화두를 놓치는 일이 없어야 한다. 그렇게 뼈에 사무쳐야 길 가면서 돌부리에 채는 순간에도 깨달을 수 있고, '아이고, 아이고' 하는 상엿소리를 듣고도 깨달을 수 있고, 싸우다가 '참 면목 없네' 소리를 듣고도 깨달을 수 있는 것이다."[21] 항시 화두를 놓쳐서는 안 된다는 권고 말씀이다.

반추기도 중에 되뇌는 성경 구절도 어떤 점에서는 선불교의 화두와 비슷하다. 일본의 예수회원 가도와키 가키치는 『선과 성서』에서 하느님 말씀과 화두와의 유사성을 이렇게 설명한다. 첫째, 신약이 그리스도께서 사람들을 깨우치려고 주는 말씀이듯이, 화두 역시 스승이 제자들을 깨우치려고 던지는 과제다. 둘째, 그리스도의 말씀이 실존 전환(회개)의 촉구이듯이, 화두 역시 참된 존재로 돌아섬을 강조한다. 셋째, 하느님의 말씀이나 화두는 모두 이해할 수 없는 신비를 가리킨다. 넷째, 성경이나 화두는 모두 인간의 참된 자기 이해로 우리를 인도한다. 다섯째, 화두가 좌선과 분리될 수 없듯이, 말씀의 올바른 해석을 위해서는 묵상, 영적 지도 등이 필요하다.[22] 윌리엄 존스턴William Johnston 역시 성경 말씀을 공안으로 사용하는 것에 대해 언급하면서, 공안 수련이 성경의 본질을 간파하도록 인도한다고 강조했다.[23]

성경 독서 중에 선택한 성경 한 구절을 신·망·애 안에서 반추기도를 통해 화두처럼 끊임없이 되뇐다. 이때 선택된 성경 구절을 한순간도 잃지 않는 것이 중요하다. 우리는 초점을 잠시 잃었다가 물에 빠졌던 베드로의 예를 알고 있다. 오천 명을 먹인 기적 후에, 예수께서는 제자들에게 배를 타고 먼저 호수 건너편으로 가라 이르시고 자신은 산에 올라가 기도하셨다. 그러나 제자들은 호수 한가운데서 밤늦도록 심한 풍랑에 시달리고 있었다. 제자들이 고통당하고 있을 바로 그때, 예수께서는 물 위를 걸어서 그들에게 다가가셨다. 배 안에 있던 제자들은 그 모습을 보고 두려움에 사로잡혀 "유령이다!"라고 비명을 질렀다. 예수께서 신원을 밝히시자 베드로가 나서서 "주님, 주님이시거든 지더러 물 위를 걸어오라고 명령하십시오" 하고 청했고, 예수께서는 "오너라!"라고 명했다. 베드로는 앞뒤도 가리지 않고 그대로 명령에 순종하며 예수님을 향해 걸어갔다. 여기까지는 아무런 문제가 없었다. 그러나 다음 상황은 완전히 반전된다. 거센 바람을 보자 베드로는 그만 덜컥 겁이 났다. 아마 그는 현실의 거대한 풍랑이 자기를 집어삼킬 것 같은 두려움에 휩싸였을 것이다. 그 순간 예수님을 향하던 초점을 잃었고, 예수님 아닌 거센 바람을 봄으로써 그만 물에 빠지고 말았다. 그러나 예수께서는 곧 손을 내밀어 그를 끌어올리시며 "이 믿음이 약한 자야, 왜 의심하였느냐?"라고 질책하셨다. 아마도 화두를 대하듯 베드로가 예수님을 향하던 초점을 한순간도 잃지 않았더라면, 그는 계속 물 위를 걸어갔을 것이다(마태 14,22-33 참조). 이렇듯 일상에서도 하느님을 향한 초점을 잃지 않는 것이 중요하다. 반추기도는 끊임없이 우리의 초점을 그분의 말씀에 맞추도록 도와준다.

성경은 주님을 향한 초점을 잃지 않았던 이들이 어떻게 주님을 새롭게 체험하는지를 보여준다. 첫 번째 예는 마리아 막달레나의 부활 체험이다. 십자가 아래 주님과 함께 있었던 마리아 막달레나는 이른 아침부터 무덤가를 서성거렸다. 그리고 예수님 무덤에 돌이 치워져 있다는 사실을 제자들에게 제일 먼저 알렸다. 그 후 제자들은 다 돌아갔지만, 그녀는 계속 무덤 밖에서 울고 있었다. 그때 그녀는 흰옷 입은 두 천사를 보게 되었고 급기야 부활한 예수님을 체험하게 된다(요한 20,1-18 참조). 그때 그녀의 주 관심사는 무엇을 먹을까, 무엇을 입을까라는 세상적인 것들이 아니라 오직 주님뿐이었다. 그녀의 온 초점이 주님께만 맞추어져 있었기에 마침내 부활하신 주님을 체험하게 되었다. 두 번째 예는 엠마오로 가던 제자들이다. 예루살렘을 떠나 엠마오로 향하던 두 제자는 그동안 일어난 일에 대해서 이야기를 나눈다. 바로 그 자리에 주님께서 동참하셔서 그들의 눈을 열어 주신다. 그리고 그분께서 빵을 떼어 주실 때 마침내 눈이 열려 그분을 알아보게 된다(루카 24,13-35 참조). 이 이야기에서도 제자들의 주 관심은 세상 일들이 아니다. 그들이 걸으면서 나누었던 이야기는 바로 주님에 관한 것이었다. 그들의 관심과 초점은 오직 주님이었고, 그래서 부활하신 주님을 체험할 수 있었다. 우리는 성경에서 유사한 예들을 자주 발견한다. 중요한 것은 어떠한 상황이나 순간에도 그분께 대한 초점을 잃어서는 안 된다는 것이다. 초점을 잃을 때 우리도 베드로처럼 세상이라는 거대한 물속에 빠지고 말 것이다.

반추기도는 구체적인 하느님의 말씀에 초점을 둔다. 그리고 그것을 신·망·애 안에서 끊임없이 되뇌면서 그 말씀과 하나 됨으로 나아간다. 공부하는 선승이 화두를 잃는 것은 곧 길을 잃는 것이다. 마찬가지로 수행자가 반추기도 중에 초점 혹은 말씀을 잃는다면 어떻게 주님의 말씀과 하나 될 수 있겠는가? 시편에 귀를 기울여 보자. "제가 잠자리에서 당신을 생각하고 야경 때에도 당신을 두고 묵상합니다. 정녕 당신께서 제게 도움이 되셨으니 당신 날개 그늘 아래서 제가 환호합니다"(시편 63,7-8). 이렇게 한순간도 그분으로부터 초점을 잃지 않을 때, 우리 역시 그분을 체험하게 될 것이다. 반추기도는 하느님의 말씀에 직접 초점을 맞추는 것이다.

화두는 결코 사고나 논리로 풀 수 없다. 그런 방법은 처음부터 한계에 봉착한다. 화두는 결코 이성이나 논리로 해결되지 않는다. 자신의 전 존재로 그것에 투신하여 참구參究할 때 비로소 존재의 근원에 도달하게 된다. 화두는 우리를 존재의 표면에서 존재의 중심으로 인도한다. 성경 말씀을 추론적 방법이나 이성적 논리로 접근해도 처음부터 한계에 부딪친다. 이성·추리로는 결코 성경 말씀의 근원적인 메시지에 도달할 수 없기 때문이다. 반추기도 중에 우리는 머리가 아니라 마음으로, 우리의 전 존재로 그 말씀을 받아들인다. 그러므로 반추기도 중에는 추론과 논리의 기능을 잠시 멈추고 그냥 말씀의 현존에 머무르는 것이 중요하다.

화두는 끊임없이 수행자가 되물어야 할 물음이다. 이 물음을 그칠 때 수행에서 멀어진다. 반추기도 중에도 수행자는 끊임없이 성경 말씀을 되뇌야 한다. 신·망·애 안에서 이런 수행을 오래 하다 보면 어느덧 말씀과 하나 됨이 가능해진다. 이것이 '말씀의 체화體化'다. 체화란 몸의 일부가 되는 현상을 말한다. 노래를 온전히 제 것으로 만드는 '음의 체화'를 위해 가수나 성악가는 같은 곡을 천 번 이상 연습한다. 스윙을 근육에 기억시키는 '근육의 체화'를 위해 야구 선수나 골프 선수는 최소 삼만 번 이상 연습한다. 마찬가지로, 말씀을 온전히 우리와 하나 되게 하기 위해서는 끊임없이 되뇌면서 체화해야 한다. 바로 이것이 말씀의 체화다.

일단 수행자가 하나의 화두를 풀게 되면, 나머지 것들은 쉽게 풀린다. 첫 공안을 해결하면 신비적 기능들이 활짝 열리기 때문이다. 마찬가지로 우리가 반추기도 중에 하나의 성경 구절의 심오한 신비를 깨달으면, 자연스럽게 다른 성경 말씀도 쉽게 깨닫게 된다. 그러므로 반추기도 중에 하느님 말씀의 심오한 신비를 깨닫기 위해서는 단순하지만 짧은 성경 구절로 충분하다. 그것을 전 존재로 받아들이고 마음에 각인시킬 때 그 말씀은 우리에게 새롭게 다가올 것이다. 이것은 산에 오르는 것과도 같다. 산에 오르는 길은 여러 개이나 일단 하나를 택해서 정상에 오르면, 거기서는 모든 길이 하나로 통한다. 반추기도는 그 여러 길 중 하나로서 우리를 하느님 말씀의 심오한 신비로 인도할 것이다. 그때 다른 말씀들도 더 쉽게, 더 깊이 이해될 것이다.

5. 반추기도와 분심·잡념

반추기도를 하다 보면 기도를 방해하고 기도에서 멀어지게 하는 분심들이 있다. 특별히 자신이 원하지도 않았는데 다가오는 온갖 분심·잡념은 때로 기도 시간을 충실히 보내지 못하고 허비했다는 죄책감에 사로잡히게 하기도 한다. 분심·잡념은 꼭 반추기도 시간에만 드러나는 것은 아니다. 어떤 묵상이나 기도를 하더라도 분심·잡념은 우리를 자유롭게 놔두지 않는다. 어떤 이들은 이런 것들 때문에 묵상이나 기도를 포기해 버리고 싶은 유혹을 받기도 한다. 분심·잡념은 우리한테서 멀리 있지 않다. 기도 때 이것은 더 크게 다가와 우리를 괴롭힌다. 반추기도 중에 일어나는 이런 크고 작은 분심들에 우리는 어떻게 대처해야 할까? 그냥 그러려니 하고 체념하고 받아들여야 하는 것인지? 아니면 이런 문제들에 대처할 수 있는 방법들이 있는지? 우리는 이 문제에 대처하는 구체적인 방법을 제시할 수는 없다. 분심의 형태는 놀라울 정도로 다양하기 때문이다. 그럼에도 불구하고 우리는 이런 문제들을 다루는 여러 문헌이나 영성가들의 말씀에서 다음과 같은 가능한 방법들을 생각해 볼 수 있다.

1) 분심·잡념을 일으키지 않도록 조심함

반추기도는 어떤 식으로든 분심과 잡념을 일으키지 않도록 각별히 소심하라고 권고한다.[24] 즉, 분심을 일으킬 수 있는 모든 상황을 특별히 주의하라는 것이다. 에바그리우스는 기도 때 기억이 과거에 대한 생각, 새로운 일, 사람들에 대해 망상을 일으킬 수 있기 때문에, 특별히 주의 깊게 기억을 경계하라고 강조하면서 어떠한 형태의 이미지나 상상도 철저히 거부해야 한다고 한다.[25] 기도할 때 현대인들은 옛 사람들보다도 유혹과 분심·잡념에 더 많이 노출되어 있다. 현대의 복잡함과 풍족함은 때로 우리의 영성생활에 도움을 줄 수도 있지만, 그 반대로 더 많은 분심·잡념을 일으킬 수도 있다. 오늘날 우리는 너무 많은 것을 보고, 너무 많은 것을 듣고, 너무 많은 것을 먹으며, 너무 많은 것에 대해 이야기한다. 그러니 기도 때 이 모든 것이 우리를 가만히 놔두지 않는다. 많은 영성가는 우리의 영성생활에서 '너무'보다는 '적당히'를 한결같이 권한다. 적당히 보고 적당히 듣고 적당히 말할 수 있다면, 우리는 기도할 때 지금보다 훨씬 덜 분심에 시달릴 것이다.

2) 분심·잡념을 무시함

에바그리우스는 기도에 관한 책에서, 기도 때 일어나는 온갖 분심·잡념에 결코 주의를 기울여서는 안 되며, 오히려 벙어리와 귀머거리처럼 되라고 권고했다.[26] 요한 카시아누스와 그의 친구 제르마누스Germanus가 기도 때 일어나는 분심에 대해서 모세 압바에게 물었을 때 그는, 분심이 일어나는 것은 어쩔 수 없지만, 그것을 거부하거나 받아들이는 것은 온전히 우리 자신에게 달려 있다고 대답했다.[27] 그러한 분심이나 잡념에 일체 관심을 두지 않으면 그것은 우리에게 아무런 힘도 발휘할 수 없다. 선불교에서도 마찬가지이다. 선의 거장 스즈키 순류는 말한다. "좌선 중에 생각을 멈추려고 애쓰지 마라. 저절로 멈추어지도록 하라. 그대의 마음속으로 무엇인가 들어오면 들어오게 두고 나가면 나가도록 두라. 들어온 것은 결코 오래 머무르지 않을 것이다. 생각을 멈추려고 노력하는 것은 벌써 그 생각에 얽매여 있음을 의미한다."[28] 그러므로 망상이 일어나든지 사라지든지 무시하고 내버려 두면 잠시 후 마음은 고요해지고 평정을 찾게 된다. 새들이 우리 머리 위를 날아다니는 것을 막을 수는 없지만, 머리 위에 둥지를 트는 것은 막을 수 있는 것과 같은 이치다. 때로 마음속에 온갖 분심과 잡념들이 어지럽게 날아다닌다. 그러나 그것이 우리 마음에 둥지를 틀고 못 틀고는 전적으로 우리의 선택에 달려 있다. 구심기도(Centering Prayer) 창시자 중 한 사람인 토머스 키팅Thomas Keating도 그런 분심에 전혀 관심을 두지 말라고 경고한다. 그것은 두 사람이 대화하고 있을 때 아파트 창문 너머 들리는 거리의 소음 같은 것이다. 이 경우 거리로 내려가 사람들에게 조용히 하라고 말하는 것은 별 의미가 없다. 그러면 어차피 당신들의 대화는 끊긴다. 소음에 매달리지 않고, 되도록 그것에 관심 갖지 않는 것이 가장 바람직하다.[29]

3) 성구를 계속 반복함

에바그리우스는 기도 중에 온갖 유혹이 생기면 그때 오히려 더 열심히 짧고 집중적인 기도를 하라고 권하며, 요한 카시아누스는 더 끊임없이 성경 말씀을 읽고 묵상하라고 권한다.[30] 요한 카시아누스의 『담화집』에 나오는 이사악 압바는 온갖 분심이 들 때, 스스로 선택한 성구를 큰 소리로 부르짖는 수행을 강조했다.[31] 14세기 동방 영성의 주류, 헤시카즘의 발전에 큰 역할을 했던 시나이의 그레고리우스Gregorius Sinai(1255~1346)는 이렇게 말한다. "사탄이 너의 이성에 떠오르는 생각들이나 악한 영들의 불순함을 보도록 너를 공격하면, 마음속에 이성을 가두어 두고 계속 주 예수의 이름을 부르는 일에 항구하여라. 그러면 즉시 이런 생각들을 태워 없애고 억제할 수 있을 것이다"(작품 4,2).³² 분심이 들 때 끊임없이 주 예수의 이름을 부르라는 가르침이다. 현대의 대표적 기도 운동 가운데 하나인 그리스도교 묵상을 전파한 존 메인은, 기도 때 생기는 분심을 줄이는 방법으로 무엇보다 만트라mantra를 꾸준히 암송할 것을 권했다.³³ 구심기도 창시자 중 한 사람인 바실 페닝턴Basil Pennington은 분심 해소책으로 『무지의 구름』에 나오는 방법을 제시했다. 사념은 당신이 지금 무엇을 하고 있는지를 알아차리도록 강요하면서 당신을 성가시게 한다. 그때 이 유일한 단어로 응답하라. 이것을 반복하다 보면 사념은 곧 사라지게 될 것이다(『무지의 구름』 제7장).³⁴

4) 하느님의 도우심을 청함

분심·잡념이 떠오를 때, 즉시 일어나서 시선을 하늘로 향하고 두 손은 위로 한 채 하느님께 이런 분심을 쫓아 달라고 간절히 기도하는 것도 한 방법이다. 이는 헤시카즘에서 제시하는 방법인데, 구체적인 몸의 움직임을 통해서 흐트러진 몸과 마음을 바로 하고 하느님의 도움을 청한 후 다시 마음을 가다듬고 기도를 시작할 수 있다. 솔직히 하느님의 도움 없이 이런 분심을 물리친다는 것은 애초부터 쉽지가 않다.³⁵

결국 반추기도 때에 일어나는 온갖 종류의 분심에 대해서 우리는 먼저 분심을 일으킬 수 있는 모든 것을 미리 주의해야겠지만, 그래도 분심이 생기면 집착하지 말고 내버려 두는 것이 좋을 것 같다. 그것을 없애는 데 집착하다 보면 정작 중요한 하느님의 말씀으로부터 멀어질 수 있다. 중요한 것은 한순간도 하느님의 말씀으로부터 멀어지지 않는 것이다. 그러므로 마음 안에 일어나는 온갖 분심·잡념은 일단 무시하라.[36] 그리고 다시 흐트러진 의식을 깨우고 각자 자신이 선택한 성경 구절을 다시 확인하고 그 말씀을 천천히 반추해야 한다. 이렇게 꾸준히 반추기도를 하다 보면 어느덧 성령께서 우리를 더 깊은 곳으로 인도하게 될 것이다.

6. 반추기도의 목표와 효과

1) 목표

반추기도의 목적은 무엇인가? 요한 카시아누스의 『담화집』 제10권에서 이사악 압바Abba Isaac는 반추기도가 생각의 풍요함을 넘어서 그 구절의 소박함을 통해 참된 행복에 도달케 한다고 한다.[37] 그러나 궁극적으로 수도자들이 성경의 한 말씀을 끊임없이 반추하는 것은 바로 하느님 말씀과 하나가 되기 위함이다. 하느님 말씀과 하나 됨, 바로 이것이 변형일치의 단계인 관상이다. 그러므로 반추기도와 관상은 별개가 아니다. 오히려 이 둘은 긴밀히 연결되어 있어서 반추기도 수행을 오래 하다 보면 성령의 인도로 자연스럽게 기도의 단계로, 더 나아가 관상의 단계로 나아가게 된다. 하느님 말씀과의 일치는 우리를 하느님 안에서 살아가게 하며, 통합된 삶을 가능케 한다. 말씀과 내가 하나 되는 깊은 단계에 이를 때 비로소 우리는 변화되고, 우리가 만나는 모든 사람과 사물, 그리고 우리가 몸담고 있는 이 세상도 변화시킬 수 있게 된다. 이런 기도나 관상의 단계에서는 인간의 능동성이 아니라 수동성이 강조된다. 여기서는 오직 성령의 이끄심에 우리 자신을 송두리째 내맡기면 성령께서 손수 우리를 인도하실 것이다.

2) 효과

반추기도를 오래 하면 삶에서 다음과 같은 크고 작은 변화를 체험하게 된다.

● 반추기도는 우리를 단순하게 만든다. 반추기도 자체가 복잡하지 않고 단순한 기도이기에 이런 기도를 오래 하다 보면 우리의 생각도 마음도 단순해진다.

● 기도를 오래 하다 보면 자연히 집중력이 생겨 정신 통일이 쉽고 마음이 고요해져 내적 고요의 상태로 들어가게 된다. 말씀을 암송하는 동안 주의를 집중하는 일은 매우 중요하다. 반추기도는 흐트러진 생각과 무질서한 관심에서 벗어나 말씀에 집중하도록 도와준다.

● 반추기도는 분노와 같은 우리 안의 부정적 감정들을 가라앉히고 긍정적인 에너지를 가지게 하며, 절망과 고통 속에서도 하느님 말씀에 대한 신뢰와 희망을 가지게 한다.

● 반추기도는 분심과 졸음, 갖가지 사탄과 악덕들(탐식, 육신의 유혹, 탐욕, 슬픔)로부터 우리를 보호한다.[38] 홀로 성경 말씀을 반추하는 수도자의 독방에는 악마가 감히 들어갈 수 없었는데 반추기도를 멈추자마자 악마가 들어가 싸웠다는 이야기도 있다(N 366). 어느 수도자는 성경 말씀을 되뇌어도 의미를 모르니 마음에 아무런 통회의 마음이 일지 않더라고 원로에게 호소했다. 원로는, 의미를 몰라도 끊임없이 성경 말씀을 암송하면 그 소리를 듣고 악마가 도망갈 것이라고 충고

해 주었다(N 184). 어떤 원로는 말했다. "열심히 침묵을 지키고 아무것도 걱정하지 마라. 하느님께 대한 두려움을 가지고, 서 있건 누워 있건 간에 묵상에 몰두하라. 그러면 악령들의 공격도 두렵지 않을 것이다"(N 274).[39]

- 반추기도를 오래 하면 성경의 문자적 의미를 넘어 더 깊은 영적 의미를 깨닫게 된다. 말씀을 천천히 반추하는 동안 내적 통찰력이 생겨서 당장은 아니더라도 언젠가는 그 말씀의 영적 의미가 명확히 드러날 것이다. 요한 카시아누스는 되새김 수행의 두 결실을 언급하면서, 꾸준한 수행의 결과 고요한 밤 시간이나 잠잘 때라도 말씀에 숨은 영적 의미가 드러나게 된다고 했다.[40]

- 이 기도는 자연스럽게 하느님 말씀과 인격적으로 만나게 해 준다. 말씀을 온 마음으로 반추하다 보면 어느덧 그 말씀이 그냥 죽은 말씀이 아니라 살아 있는 말씀으로 다가와 말씀과의 인격적인 만남이 가능하게 된다. 이때 눈물겨운 통회나 신체적·정신적 치유도 일어날 수 있다.

- 반추기도를 오래 하면 정중동靜中動·동중정動中靜의 경지에 도달한다. 이것을 도달하기 힘든 상태로 생각하는 사람들이 많으나, 이는 그들의 기도생활이 하느님 안에 깊이 뿌리내리지 못했기 때문이다. 많은 성인은 한결같이 바쁜 활동 중에도 주님과 함께함으로써 평정을 잃지 않았으며, 고요 가운데서도 바쁜 활동에 투신할 수 있었다. 이는 그들이 한결같이 살아 계신 하느님과의 인격적인 만남을 가졌기 때문이었다. 오랜 반추기도를 통해 말씀과의 인격적인 만남이 가능해지고, 하느님 말씀과 하나 되어 그 말씀 안에서 살아갈 수 있다.

7. 반추기도의 조건

1) 시간

반추기도에 충분한 시간을 할애하지는 못하더라도, 최소한 하루 동안 확보할 수 있는 시간에는 충실해야 한다. 가급적 각자 정해진 묵상 시간을 철저히 잘 보내기를 권한다. 하루 30분 정도를 매일 고정적으로 할애하여, 그 시간에는 과중한 일과 현실의 모든 근심·걱정을 벗어 버리고 오로지 하나의 성경 구절을 집중적으로 반추했으면 한다. 오전 적당한 시간에 그날 하루 동안 되새김할 성경 말씀을 기억에 채워 넣는 독서 시간을 가지고, 저녁에는 그 말씀을 집중적으로 되뇌는 묵상 수행을 하는 것이 영성생활에 도움이 될 수 있을 것이다. 필자는 이런 방법으로 오랫동안 수행을 하면서 매일 성경의 말씀을 조금씩 맛보고 있다. 고정된 성경 묵상 시간을 통해 우리는 하느님 말씀을 마음 깊은 곳에 간직하게 될 것이다.

2) 장소

반추동물들은 이동 중이거나 맹수의 공격 위험이 있을 때는 절대로 반추하지 않는다. 그들은 맹수가 공격하기 전에 재빠르게 많은 양을 섭취하여 일단 위장에 저장한다. 그러고는 아무 위협이 없는 안전한 곳으로 가서 섭취한 음식물을 반추한다. 반추기도도 마찬가지다. 시끄럽고 복잡하고 위험하고 긴장되는 곳에서 깊이 묵상한다는 것은 사실상 불가능하다. 오늘날과 같이 복잡하고 늘 바쁘게 쫓기는 상황에서 편안하게 반추기도를 한다는 것은 쉽지 않아 보인다. 그러므로 반추기도는 고요하고 평온한 때와 장소를 골라서 해야 한다. 반추동물들이 위험이 없는 안정된 곳에서 여유롭게 반추하듯이, 반추기도 역시 남에게 방해받지 않는 고요한 장소에서 하는 것이 도움이 된다. 협소하더라도 걱정이나 긴장, 온갖 소음으로부터 보호받을 수 있는 곳이라면 어디라도 좋다. 고요하고 아늑한 장소는 우리가 성경 말씀에 더 깊이 몰입하도록 도와줄 것이다.

6 현대의 다양한 기도 운동들

오늘날 교회에는 수많은 기도 운동이 일어나고 있다. 그중에서도 특히 수도승들에 의해서 제시되는 기도 운동은 많은 이에게 큰 반향을 불러일으킨다. 이 장에서는 중요한 기도 운동 몇 가지를 소개하고, 반추기도와의 유사점과 차이점을 살펴보고자 한다.

1. 수도승 기도 운동

1) 구심기도[1]

(1) 창시자

구심求心기도(Centering Prayer)는 오늘날 세계적으로 잘 알려진 기도 운동 가운데 하나로, 미국 성 요셉 트라피스트 수도원의 토머스 키팅, 바실 페닝턴, 윌리엄 메닝거William Meninger를 중심으로 1970년대부터 시작된 기도 운동이다. 1971년에 교황 바오로 6세는 시토회원들에게 교회의 관상적 차원에 대한 도움을 요청했던바, 이것을 기점으로 구심기도가 하나의 기도 운동으로 발전하게 되었다.

(2) 배경[2]

구심기도는 그리스도교 신비주의 전통에 많은 영향을 받았다. 이것은 특히 14세기 익명의 어느 영국인이 쓴 『무지의 구름』The Cloud of Unknowing이란 작품을 현대적인 감각으로 재구성하여 그리스도교의 관상적 전통을 새롭게 하려는 기도 운동이다. 물론 다른 원천으로부터도 간접적인 영향을 받았지만 가장 직접적이고 크게 영향을 받은 것이 『무지의 구름』이다. Centering Prayer(구심기도)란 토머스 머튼의 말 — "살아 있는 하느님과의 만남을 위한 유일한 길은 존재의 중심으로 내려가는 것이다" — 에서 영감을 받아 붙인 이름이다.

(3) 구심기도와 렉시오 디비나

구심기도의 주 배경이 신비주의 전통에 속하는 『무지의 구름』일지라도 이 기도 운동을 시작한 이들은 트라피스트 수도자들로서, 그들 역시 구심기도와 수도 전통에서 행해져 온 렉시오 디비나의 관계에 대한 설명을 시도했다. 토머스 키팅에 의하면, 구심기도는 렉시오 디비나에서 자연스럽게 비롯되며, 렉시오 디비나는 구심기도의 발전에 이론적 배경을 제공한다.[3] 그는 특히 자신의 책에서 렉시오 디비나와 구심기도의 차이점을 설명하면서, 구심기도란 귀고가 언급한 렉시오 디비나의 단계 중에서 하느님 안에서 쉬는 관상 단계를 향하도록 도와주는 기도 방법이라고 설명한다. 반면, 바실 페닝턴은 구심기도가 렉시오 디비나의 네 단계 모두를 실제로 포함하고, 렉시오 디비나는 우리 영적 여정에 이르는 길이며 구심기도의 영적 실천에 이르는 길이라고 주장한다.[4] 그래서 바실 페닝턴은 저서 *Daily We Touch Him*에서 구심기도를 언급하기 전에 제1장에서 렉시오 디비나에 대해 길게 언급한다.[5] 이것이 구심기도와 렉시오 디비나의 관계에 대한 토머스 키팅과 바실 페닝턴의 설명이다. 그러나 수도 전통에서 행해진 렉시오 디비나 수행이 철저히 성경 독서에서 시작되는 데 비해, 구심기도에서는 정확히 성경 독서와 어떤 관련이 있는지는 분명하지 않다.

(4) 방법[6]

구심기도는 하루 두 차례, 오전과 오후에 각각 20분씩 다음의 지침에 따라 행한다.

▶ 하느님의 현존과 활동에 동의하기 위한 지향의 상징으로 거룩한 한 단어를 선택한다. 이때 거룩한 단어는 사랑·예수·아빠·성부·성령·평화·자비 등과 같은 짧은 단어이면 좋다.
▶ 편히 앉은 다음, 눈을 감고 거룩한 단어를 의식 속에 떠올린다.
▶ 기도 중에 분심이 들면, 거룩한 단어로 돌아간다.
▶ 기도가 끝나도 잠시 침묵 중에 머물러 있는다.

2) 그리스도교 묵상

(1) 창시자

그리스도교 묵상(Christian Meditation)은 구심기도에 앞서 일어난 운동으로, 베네딕도회 수도자 존 메인John Main에 의해서 시작되었다. 그는 1926년 1월 21일 영국에서 태어나 예수회원들에게서 교육받았고, 군 복무를 마친 후 수도회에 입회하여 로마에서 신학을 공부했다. 곧 수도회를 떠나 더블린의 삼위일체 대학에서 공부한 후 영국 식민지 말라야 반도에서 근무했는데, 거기서 인도 수도승을 만나 처음으로 묵상을 접하게 된다. 유럽으로 돌아온 그는 런던 베네딕도회의 일링 수도원(Ealing Abbey)에 입회했고, 1957년까지 더블린에서 법학 교수로서 학생들을 가르쳤다. 요한 카시아누스의 작품들에서 묵상에 대한 그리스도교 가르침을 재발견할 때까지 그는 오랜 기간 영국과 미국의 베네딕도회 학교들에서 가르쳤다. 그는 카시아누스의 『담화집』에서 제시되는 기도 방법과 힌두교의 묵상 방법의 유사점을 발견하고는 그것을 나름대로 발전시켜 그리스도교 묵상 방법을 체계적으로 제시했다. 1975년 최초의 그리스도교 묵상 센터를 열었고, 캐나다의 몬트리올 교구의 대주교로부터 교구 내에 묵상을 가르치고 실천하는 베네딕도 공동체를 설립해 줄 것을 요청받았다. 그는 캐나다에서 묵상 운동을 전개하다가 1982년 12월 30일 귀천했다.

(2) 배경[7]

그리스도교 묵상의 배경은 힌두교 전통에 닿아 있다. 메인은 베네딕도 수도원 입회 전에 이미 인도의 한 스와미swami에게서 만트라를 되뇌는 묵상 방법을 배웠고, 그 후 수도생활을 하면서 카시아누스의 『담화집』에서 고대 수도자들의 묵상 방법을 재발견했다. 그는 카시아누스의 『담화집』 제10권, 기도에 관한 장에서 이사악 압바가 말한 "하느님 저를 구하소서. 주님, 어서 오사 저를 도우소서"라는 성구를 끊임없이 되뇌는 수행을 접하고 그리스도교 묵상을 착안해 냈다. 그는 이런 고대 수도자들의 수행이 힌두교의 만트라 수행과 비슷하다는 결론에 도달했고,[8] 이 두 원천에서 착안한 자신의 독특한 그리스도교 묵상법을 발전·보급시켰다.

(3) 방법

그리스도교 묵상은 하루 두 차례, 오전과 오후에 각각 30분씩 다음의 지침에 따라 행한다.

▶ 조용한 장소에서 허리를 펴고 바로 앉는다. 이때 눈은 감는다.

▶ 조용히 기도 단어나 만트라를 내적으로 사랑스럽게 암송한다. 특히 존 메인은 '마-라-나-타'maranatha라는 만트라를 천천히 되뇌기를 권한다. 마라나타는 아라메아어로서 '주님, 오소서'라는 뜻이다.

▶ 묵상 중에 절대로 그 단어의 의미를 생각해서는 안 된다. 그저 단순하게 단어를 되뇌면서, 시작부터 마칠 때까지 그 말마디에만 주

의를 기울여야 한다. 이런 묵상은 침묵, 고요 그리고 단순성을 특징으로 하는, 순수한 기도 방법이다.

▶ 분심이 들면, 즉시 만트라로 되돌아간다.

3) 예수기도

(1) 창시자[9]

예수기도(Jesus Prayer)는 동방 수도자들의 독특한 수행의 한 방법이지만 창시자는 알려져 있지 않다. 다만 이 기도의 정형인, "주 예수 그리스도님, 저에게 자비를 베푸소서"를 최초로 사용한 사람은 6~7세기 팔레스티나 가자의 한 수도원 근처에서 은수생활을 했던 요한Joannes과 바르사누피우스Barsanuphius 그리고 그들의 제자 도로테우스Dorotheus였다. 어느 날 어떤 형제가 요한에게 와서 "주 예수 그리스도님, 저에게 자비를 베푸소서"라고 기도하는 것과 성경이나 시편의 어느 구절을 마음으로 암송하는 기도 중에서 어느 것이 더 유익한지 물었다. 이에 요한은 마태오 복음 23장 23절 — "불행하여라, 너희 위선자 율법 학자들과 바리사이들아! 너희가 박하와 시라와 소회향은 십일조를 내면서, 의로움과 자비와 신의처럼 율법에서 더 중요한 것들은 무시하기 때문이다. 그러한 십일조도 무시해서는 안 되지만, 바로 이러한 것들을 실행해야만 했다" — 을 인용하면서 두 방법을 두루 사용하는 것이 유익하다고 대답했다.[10] 여기서, 요한과 바르사누피우스 시대에 이미 많은 수도자가 예수기도의 정형을 알고 있었고 이를 기도의 한 형식으로 사용했음을 알 수 있다. 요한과 바르사누피우스와 도로테우스는 여러 형태의 예수기도를 제시했다. 그러나 7세기의 『필레몬 교부의 생애』The Life of Abba Philemon에서는, 더 분명하게

"하느님의 아들 주 예수 그리스도님, 저에게 자비를 베푸소서"를 언급하면서 이 성구를 언제 어디서나 반복해야 함을 강조했다. 그 후 시나이의 훌륭한 영성 저술가들인 요한 클리마쿠스Joannes Climacus (570~649), 헤시키우스Hesychius(8~9세기), 필로테우스Philotheus(9~10세기)에 의해서 예수기도는 더 구체적으로 언급되었는데, 특히 이들은 예수기도를 호흡과 관련지었다. 그러나 예수기도와 구체적인 호흡법에 관한 기록은 13세기 그리스 전통에서 발견된다. 예수기도는 14세기 시나이의 그레고리우스에 의해 비로소 널리 알려지게 되었다.

(2) 배경

예수기도의 정형이 처음 문헌에 기록된 것은 6세기이지만, 그 기원은 4세기 이집트 수도 전통까지 거슬러 올라간다. 이집트 수도자들은 바구니나 돗자리를 짜는 손노동을 하면서 끊임없이 기도했다. 이런 작업을 하면서 그들은 성경의 짧은 구절들을 반복·암송하면서 하느님의 현존에서 한순간도 멀어지지 않으려 노력했다. 우리는 사막 교부들의 이야기에서 이런 예를 자주 본다. 찾아온 몇몇 수도자에게 루치우스 압바Abba Lucius는 손노동을 하면서 끊임없이 기도하는 방법에 대해 이야기해 주었다. 그는 앉은 채 손노동을 하면서 "하느님, 저를 불쌍히 여기소서"(시편 51,3)라는 시편 구절을 끊임없이 암송하는 기도 방법을 제시했다.[11] 스케티스의 아폴로 압바Abba Apollo는 한때 임산부의 배를 가르고 태아를 본 데 대해 심한 양심의 가책을 느낀 후, 밤낮없이 "인간으로서 범죄했사오니, 하느님 저를 용서하소서"라는 기도를 암송했다고 한다.[12] 카시아누스의 『담화집』에는 이사악 압바가 시편 70,1의 "하느님, 어서 저를 구하소서. 주님, 어서 저를 도우소서"를 끊임없이 암송하는 수행이 나온다(『담화집』 10,10). 이집트의 거장 마카리우스 압바Abba Macarius(300~390)도 기도 방법에 대해 질문받자, 그냥 두 손을 펴 들고 "주님, 저를 도와주소서"라고 기도하라고 가르쳤다.[13] 이렇게 사막 교부들은 성경 말씀의 짧은 구절을 끊임없이 암송하는 수행에 대해 가르쳤는데, 이것이 예수기도를 의미했는지는 아무도 단언할 수 없다.

5세기에 안키라의 닐루스Nilus(†430)는 예수의 이름을 끊임없이 기억하고 부르는 기도에 대해서 언급했지만 이 역시 짧은 암시에 불과했다. 그 후 그리스 포티케의 주교였던 디아도쿠스Diadochus는 예수의 이름을 거듭 부르는 기도의 중요성에 대해서 강조했다. 그는 우리의 지성을 고요 상태로 만들기 위해서는 오직 "주 예수" 기도만 하면 된다고 했다. 이렇게 예수기도의 형태가 점차 드러나게 되었다. 그러나 그도 예수기도의 정형 — "하느님의 아들 주 예수 그리스도여, 저에게 자비를 베푸소서" — 을 정확하게 짚지는 않았고, 단지 "주 예수"만 강조하고 있다.[14] 예수기도는 이전 전통으로부터 직·간접으로 영향을 받아 새로운 기도 형식으로 발전되어 갔다.

(3) 중요한 요소[15]
- ▶ 무한한 은총과 능력을 지닌 거룩한 이름 '예수'에 대한 깊은 신심
- ▶ 죄를 통회하면서 하느님의 자비를 청함
- ▶ 끊임없는 반복
- ▶ 상상이나 추론 없이 내적 고요와 평정을 추구함

(4) 3가지 단계[16]

▶ 예수기도를 입으로 소리 내어 암송해야 한다. 특별히 초심자들은 처음에 이 수행을 충실히 할 필요가 있다.

▶ 이 기도가 점차 내면화되면 '지성기도'(intellectual prayer) 혹은 '정신기도'(mental prayer)로 발전한다. 이 단계에서는 더 이상 예수기도를 소리 내어 암송하지 않는다. 내면화가 이루어지면 정신적인 상이나 개념 없이 직접 그리스도의 현존에 머문다.

▶ 마지막으로 지성기도에서 더 깊은 '마음기도'(prayer of the heart)로 내려간다. 마음기도는 인간의 노력으로 얻어지는 것이 아니라, 오직 하느님이 내리는 은총의 선물일 따름이다.

(5) 방법[17]

예수기도에는 여러 방법이 있지만, 여기서는 19세기 익명의 러시아 순례자가 전해 준 방법 — '심장에 따른 기도' — 을 소개한다.

▶ 서두름 없이 마음을 차분히 가라앉히고, 마음의 눈을 심장에 집중하고 귀 기울여라.

▶ 심장 박동에 따라 예수기도를 바친다. 한 번 박동에 "주", 두 번 박동에 "예수", 세 번 박동에 "그리스도님", 네 번 박동에 "저에게", 다섯 번 박동에 "자비를 베푸소서"라는 말을 끊임없이 반복한다.

▶ 심장 박동에 따른 기도에 익숙해지면, 이제 자신의 심장을 들여다보면서 호흡에 맞추어 다음 단계의 예수기도를 바친다. 즉, 들숨에 "주 예수 그리스도님", 날숨에 "저를 불쌍히 여기소서"라고 자연스럽게 기도하라. 이것이 반복되면 어느덧 심장이 더워져 기분이 좋아지고, 새로운 차원으로 넘어간다.

▶ 기도 중에 절대로 분심이나 잡념에 현혹되어서도, 어떤 형태로든지 분심 · 잡념을 불러일으켜서도 안 된다.

2. 반추기도와의 비교

앞에서 현대의 다양한 수도승 기도 운동들에 대해 간략히 살펴보았다. 이런 기도 운동들은 서로 비슷해 보이지만 자세히 살펴보면 초점도 다르고 크고 작은 차이점도 있다. 여기서는 이런 기도 운동들과 반추기도를 간략히 비교해 보고자 한다.

1) 공통점

● 이런 기도 운동들은 하나같이 수도승들에 의해 시작되었다. '구심기도'는 트라피스트회 수도승 토머스 키팅, 바실 페닝턴 그리고 윌리엄 메닝거가, '그리스도교 묵상'은 베네딕도회 수도승 존 메인이 시작했으며, '예수기도'는 고대 수도 전통으로부터 전해져 오던 수행이다. 그리고 필자가 제시하는 반추기도 역시 수도승 전통에 깊이 뿌리내리고 있다. 그러므로 이런 기도 운동들은 하나같이 수도승 문화의 산물이라 할 수 있다.

● 이런 기도 운동들은 하나같이 단순하다. 현대의 기도 운동들이 너무 복잡하고 기교화된 반면, 수도 전통에서 영향받은 이런 기도 운동들은 한결 단순하다.

● 현대의 묵상법들이 지적이고 추론적인 면을 강조하는 데 반해 이런 기도 운동들은 인간 지성보다는 정적이고 고요한 마음을 강조한다.

● 이 기도 운동들은 선택된 하나의 단어나 문장을 가지고 수행한다. 예수기도에서는 "주 예수 그리스도님, 저에게 자비를 베푸소서"라는 성구를, 구심기도에서는 거룩한 단어를, 그리스도교 묵상에서는 주로 '마라나타'를 추천하고 있으며, 반추기도에서는 매일 미사 독서와 복음 말씀 가운데 한 말씀을 택하라고 권한다.

● 이 기도 운동들은 한결같이 선택된 단어나 성구를 계속 반복한다. 물론 구심기도에서는 가르치는 사람에 따라 거룩한 한 단어를 끊임없이 "떠올려라"(represent) 혹은 "반복하라"(repeat)라고 약간씩 다른 표현을 사용하지만, 이 역시 큰 범주에서는 비슷하다.[18]

2) 차이점

● 초기 수도 전통에서 성경은 무엇보다 중요하여 늘 강조되었다. 반추기도는 이 전통에 따라 성경 말씀을 가지고 묵상하는 반면, 구심기도와 그리스도교 묵상은 한 단어(one word)를 강조하고, 예수기도는 "하느님의 아들 주 예수 그리스도님, 저에게 자비를 베푸소서"라는 성구만을 호흡에 따라 반복하라고 가르친다.[19]

● 반추기도는 성경 독서에서 유래하므로 성경 독서와 단절되지 않을뿐더러, 기도와 관상과도 분리되지 않는다. 그러나 구심기도, 그리스도교 묵상, 예수기도에는 성경 독서와 어떻게 직접적으로 연결되는지에 대한 명확한 설명이 없다.

● 반추기도에서 사용되는 성경 말씀은 하느님의 말씀이기에 수단이 아니라 그 자체가 목적이다. 그러나 구심기도에서 선택된 한 단어는 그 자체가 목적이 아니라 단지 존재의 심저心底로 내려가기 위한 하나의 수단으로, 반드시 넘어야 할 대상으로 설명된다. 그리스도교

묵상에서도 선택된 한 단어는 하느님과의 합일로 나아가기 위한 하나의 수단일 뿐이다.

- 초기 수도 전통에서 성경 말씀의 암기가 특별히 강조되었듯이, 반추기도에서도 기억을 크게 강조한다. 그러나 구심기도, 그리스도교 묵상, 예수기도에서는 성경 말씀의 암기를 고대 수도 전통에서만큼 강조하지는 않는다.

- 반추기도는 선택된 성경 말씀과 내가 하나가 되도록 도와준다. 즉, 내가 말씀이 되고 말씀이 내가 되는 높은 관상의 경지를 지향하고 있다. 반면에 선택된 거룩한 단어와 내가 하나 됨을 구심기도와 그리스도교 묵상이 도와주지는 않는다.

- 반추기도는 고대 이집트 수도 전통에 직접 맞닿아, 그것으로부터 크게 영향받았다. 구심기도는 신비 전통, 즉 14세기 익명의 저자가 쓴 『무지의 구름』에서, 그리스도교 묵상은 힌두교 전통에서 크게 영향을 받았다. 예수기도는 고대 수도 전통의 영향을 받고 발전되어 왔다.

- 반추기도는 매일 미사 독서와 복음 말씀에서 한 말씀을 선택하기 때문에 전례적이다. 다시 말해 교회 전례에 따라 성경 말씀을 매일 묵상하는 것이다. 반면에 구심기도, 그리스도교 묵상, 예수기도는 매일 미사 독서나 복음 말씀과는 직접적으로 관련이 없다.

- 반추기도는 성경 묵상이다. 이것은 성경을 끊임없이 암송하며 되뇌는 고대 수도자들의 독특한 수행 방법에 근거한다. 고·중세 수도 전통에서 묵상은 바로 되새김 수행이었다. 렉시오 디비나의 묵상 단계를 단순히 추론적 묵상으로 이해했던 토머스 키팅의 묵상법은 고대 수도 전통의 묵상 수행과 다소 거리가 있다.

● 반추기도는 삼위일체 안에서 행하는 기도이다. 반추기도의 방법은 먼저 몸과 마음을 바르게 한 다음, 하느님의 현존을 의식한다(성부). 그다음 성령께 도움을 청하고(성령), 하느님의 말씀(logos, 성자)에 초점을 맞추어 그것을 되뇐다. 이렇게 성부 · 성자 · 성령 안에서 행하는 기도가 반추기도이다. 그러나 예수기도는 오직 성자 예수에게만 초점이 맞추어져 있다.

● 반추기도는 동양의 훌륭한 유산을 받아들여 처음부터 자세나 호흡법을 많이 강조하는 반면, 구심기도나 그리스도교 묵상에서는 편히 앉아 눈을 감으라고 권할 뿐이다.[20] 이런 기도 운동들이 서양에서 태동되어 서양 문화권 사람들을 대상으로 했기 때문에, 동양의 자세나 호흡법에 대해서는 그리 크게 강조하지 않은 것 같다.

7 렉시오 디비나의 방법

고대 수도 전통과 동양의 정신에 근거해서 우리는 성경 독서와 성경 묵상(반추기도) 수행을 아래 방법에 따라 시도해 볼 수 있다. 여기 제시되는 것은 하나의 가능한 수행 방법일 뿐이므로 꼭 이것만 따를 필요는 없다. 그러나 이런 수행은 하느님 말씀 안에서 살아가는 것이 어떻게 가능한지를 확연히 깨닫게 해 줄 것이다.

1. 개인 독서

1) 몸과 마음을 바르게 한다

인간은 심신 상관적 존재다. 이 평범한 진리를 깨닫기까지 오랜 시간이 걸렸다. 서양의 사고는 영혼과 육체를 철저히 분리시켰으며, 그 결과 철학·종교·윤리 모든 면에서 수세기 동안 이원론이 지배해 왔다. 다행히 오늘날 서양에서는 이런 이분법적 사고의 한계와 문제점들을 인식하여 동양의 심오한 정신에 관심을 가지기 시작했다. 동양은 언제나 육체와 영혼의 가치를 모두 존중해 왔으며, 특별히 몸에 관심을 쏟았다.[1] 몸과 더불어 모든 것이 시작된다. 명상도 눈과 폐와 복부와 척추의 작용을 가르치는 예술이다. 예컨대 힌두교의 요가나 선불교 등이 이에 속한다. 서양인들의 기도는 이지적이고 지성적인 경향이 짙다. 이것은 머리로 하는 기도일 뿐 영적 에너지가 발생하는, 몸의 더 깊은 단계에서 드리는 기도는 아니다. 서양은 이성과 추리, 논리를 강조하지만 동양은 직관을 강조한다. 이 점에서, 그리스도인들은 기도할 때 몸의 역할에 더 주목해야 한다고 강조한 윌리엄 존스턴 신부의 견해에 공감한다. 그가 말하듯 몸은 결코 묵상이나 기도에 장애가 되지 않으며 오히려 그것을 더 깊고 근원적인 차원으로 인도한다.[2] 그는 더 나아가 서양은 동양으로부터 수혈을 받아야 한다고 강조했다. 렉시오 디비나를 시작하기 전에 이런 동양 정신에 입각하여 몸과 마음을 바르게 하는 것이 중요하다.

(1) 자세(調身)

성경 독서나 성경 묵상을 시작하기 앞서 몸의 자세는 매우 중요하다. 자세가 바르지 못하면 호흡이 깊지 못하고, 호흡이 깊지 못하면 마음 역시 고요해지기 어렵기 때문이다. 윌리엄 존스턴은 자세를 그리 중요하게 생각하지 않았던 토머스 머튼의 견해를 반박하면서 자세가 얼마나 중요한지를 강조했다.[3] 그는 『그리스도인의 참선』 부록에 다양한 자세들을 상세히 소개했다. 결가부좌, 반가부좌, 일본식 좌법인 세이자 외에도, 엉덩이를 받치는 작은 묵상 틀 자세, 의자에 앉은 자세 등이 그것인바, 묵상 틀은 현재 한국의 몇몇 수도원에서도 사용하고 있다.[4] 요가나 참선에서 앉는 자세는 몇 가지 점을 제외하면 거의 비슷하다. 여기서는 수행자들이 주로 사용하는 결가부좌와 반가부좌를 소개한다. 결가부좌는 왼발을 오른쪽 허벅지 위에, 오른발을 왼쪽 허벅지 위에 깊숙이 올린 다음 가볍게 이쪽저쪽을 움직이는 자세로, 연화좌라고 불리기도 한다. 반면 반가부좌는 오른발만을 왼쪽 허벅지 위에 올려놓는 방법으로서, 이 자세에서 적당한 높이의 방석을 사용하면 척추가 곧게 펴지게 된다. 좌선 자세를 취할 때 중요한 것은 몸의 중심이 단전에 모이도록 척추를 곧게 세워 귀와 어깨가 수직이 되게 하고, 머리끝으로는 천장을 밀어 올리듯 하면서, 턱은 안쪽으로 당기는 것이다. 턱이 들리면 자세에 힘이 빠지고 쉽게 졸음이 온다. 눈은 반쯤 살며시 감거나 뜨는 게 좋고 완전히 뜨거나 감지는 말아야 한다. 눈을 가볍게 뜰 때는 앞에 모셔진 십자가나 이콘에 시선을 고정시키면 된다. 에바그리우스 역시 기도할 때는 눈을 살며시 뜬 상태에서 아래를 보라고 권고했다.5 힌두교 경전 『바가바드기타』에서도 명상할 때는 움직이지 말고 몸과 머리와 목을 꼿꼿이 일직선으로 하며, 시선은 코끝에 두라고 가르친다.6 이때 손의 모습은 왼손을 오른손 위에 올리고 엄지손가락끼리는 인印 자 모양으로 가볍게 붙여 몸 쪽에 닿게 하고, 엄지손가락은 대충 배꼽 높이에 둔다. 양팔은 자유롭고 편하게 두되 팔 밑에는 계란을 하나 끼워 둔 것처럼 가볍게 뗀다.7 그리고 좌선 중에 초보자들은 자주 입 안에 침이 고이는데, 이때는 윗니 가까이 입천장 부근을 혀끝으로 살짝 치올려 대고 있으면 된다. 이렇게 자세가 잡히면 천천히 몸을 전후좌우로 움직여 가장 안정되고 편안한 지점을 찾아 몸의 중심을 잡는다.8 그곳이 바로 중심점이다. 이런 자세가 현대인들에게 실질적으로 어떠한 도움이 될 수 있을까? 다음의 연구 결과는 매우 흥미롭다.

▶ 척추를 곧추세우면, 내장의 압박이 그만큼 줄고 복압력이 생겨 호흡이 편해지며 정신도 안정된다.

▶ 온몸의 긴장이 사라지면 마음이 집중되고 스스로 초연해지므로, 피로가 가시고 평온이 유지된다.

▶ 자세가 안정되면 마음도 따라 바르게 된다. 이때 혈액순환이 원활해져 생기 충만해질 뿐 아니라, 자신을 돌아보고 찾는 즐거움도 맛볼 수 있다.9

바른 자세는 그래서 중요한데, 성경 독서나 성경 묵상 때는 꼭 이런 자세가 아니어도 각자 편한 자세로 바르게 앉으면 된다. 동방의 헤시카즘에서는 등받이 없는 높은 의자에 앉아 머리를 구부리고 수

염을 가슴 위에 둔 다음, 시선은 배 한가운데나 배꼽 위에 두고 온 정신을 집중하라고 권한다.[10] 그러나 동양의 수행법에서는 이런 자세가 별로 권장되지 않는다. 그러므로 성경 독서나 성경 묵상 때는 가급적 허리를 곧게 펴고 바른 자세를 취하면 좋다. 위의 다양한 자세 가운데 각자 자기 신체에 맞는 자세를 골라 수행에 적용하면 도움이 될 것이다.

(2) 호흡(調息)

자세를 바르게 했으면, 이제 호흡을 고르게 할 차례다. 그래야 마음도 가지런해진다. 호흡과 마음은 밀접한 관계에 있다. 호흡이 고르지 못하면 마음도 흔들리고, 마음이 동요하면 호흡도 흩어진다. 그러므로 호흡을 의식적으로 고르게 하여 자율신경을 조절하면 감정의 움직임도 조절되고 마음의 안정도 가능해진다. 경험에 의하면 명상에서 호흡은 매우 중요하다. 많은 호흡법 가운데 여기서는 실제로 도움이 될 방법을 간단히 소개한다. 가장 널리 알려진 방법은 복식호흡이다. 이것은 아랫배와 가슴을 부풀려 숨을 크게 들이마시고 잠시 멈췄다가 다시 숨을 토해 내는 간단한 방법이다. 단전호흡은 배꼽 3~4cm 아래의 단전에 초점을 맞추어 호흡한다. 모든 생명과 에너지가 단전에서 솟아나기 때문에 단전호흡을 하면 숨도 고르고 깊어진다. 요가에서는 완전 호흡법과 쿰바카 호흡이 두드러진다. 전자는 숨을 먼저 내뱉고 배와 가슴으로 숨을 깊이 들이쉬고(吸) 잠시 멈춘 후(止)[11] 천천히 내뱉는데(吐) 그 비율은 대략 1:4:2쯤 된다. 반면 후자는 모든 요가 호흡의 총칭으로 결가부좌나 반가부좌를 튼 다음, 오른손 둘째 손가락을 미간에 대고 충분히 숨을 내쉬고 나서, 오른손 엄지손가락으로 오른쪽 콧구멍을 막고 왼쪽 콧구멍으로 충분히 숨을 들이쉰다. 그리고 가운뎃손가락으로 왼쪽 콧구멍을 막고 완전히 숨을 멈춘다. 그러고는 다시 오른쪽 콧구멍을 막은 엄지손가락을 떼면서 숨을 토하고 다시 그쪽으로 흡吸-지止-토吐를 번갈아 가며 되풀이하는 방법이다. 여기서도 1:4:2의 비율이 좋다.[12] 참선 수행에도 수식관數息觀과 수식관隨息觀이 있는데 전자는 선의 호흡법을 대표하는 것으로 호흡을 세면서 하는 방법이다. 즉, 들이쉬면서 하나, 내쉬면서 둘 … 이렇게 열까지 센 후 다시 처음으로 되돌아오는 수행이다. 후자는 호흡만을 의식하여 숨쉬고 있다는 사실에만 집중하는 수행이다.[13]

사실 이런 호흡의 중요성이 동양 종교들에서만 강조된 것은 아니다. 그리스도교 전통, 특별히 헤시카스트들[14]도 그 중요성을 언급했다. 동방 교부들의 영성 작품 모음집『필로칼리아』Philokalia(아름다움에 대한 사랑)에서는 이렇게 권고한다.

> 우리는 공기를 들이마시고 내쉽니다. 호흡은 몸이 살아가는 데 기본이 되고 몸의 온기를 유지시켜 줍니다. 따라서 방에 고요히 앉아 마음을 모으고 기도氣道를 따라 들이마신 공기를 모두 심장으로 들어가게 한 다음 그대로 있으십시오. … 그리고 다음의 기도를 읊으십시오. "하느님의 아들 주 예수 그리스도님, 나를 불쌍히 여기소서." 이렇게 계속하십시오.[15]

시나이의 그레고리우스는『필로칼리아』에서, 기도할 때 마음 편히 해서는 안 되고 호흡을 자제해야 함을 여러 교부의 예를 들어 권한다.[16]『이름 없는 순례자』에서 '예수기도'(심장기도)를 설명할 때도 들숨에 "주 예수 그리스도님", 날숨에 "저를 불쌍히 여기소서"라고 호흡에 맞춰 기도하는 방법을 일러 준다.[17] 예수회의 드 멜로 신부 역시 여러 묵상법을 소개하는데, 숨을 들이쉴 때 하느님의 성령이 자기 안에 들어옴을 의식하고, 숨을 내쉴 때 자신의 온갖 두려움, 부정적인 느낌들을 내뱉는다고 상상하면서 어떤 느낌들은 호흡을 통해 즉시 표현해 보라고 권한다.[18] 이 외에도 여러 가지가 있겠지만 각자 자기에게 맞는 방법들을 골라서 활용하면 되겠다. 바른 자세와 느린 심호흡은 언제나 필요하다.

(3) 마음(調心)

인간의 마음은 거대한 대양과 같다. 거기에는 온갖 것들이 혼재해 있다. 이런 마음을 잘 다스려야 고요와 평화를 간직할 수 있다. 작은 감정의 파고에 쉼 없이 마음이 끌려다니다 보면 어느새 마음은 황폐해져 깊은 내적 생활이 불가능하다. 그러므로 깊은 내적 생활이나 정신 생활을 하려는 사람들은 누구나 자기 자신을 잘 다스릴 필요가 있다. 그러나 마음을 고요하게 다스린다는 것이 그리 쉬운 일은 아니다. 성체조배나 묵상 중에 우리 마음은 온갖 걱정 · 근심 · 분노 · 미움으로 요동친다. 더욱이 현대인은 많은 생각과 걱정으로 한시도 마음이 편치 않다. 그러나 자기 본래의 마음을 잃고 거짓 마음에 휩싸여 있는 한, 존재의 중심에 들어갈 수가 없다. 이 점에서 앞서 말한 동양의 방법들이 어느 정도 도움이 된다. 선에서는 좌선[19]을 권하며 특히 호흡을 고르게 함으로써 마음의 고요를 찾으라고 가르친다. 마음이 감정을 조절해야지, 감정이 마음을 지배하면 문제가 생긴다. 마음이 감정과 생각에 좌우되지 않고 고요해지면 통합된 인간이 될 수 있다. 그리스도교 전통은 고요하고 순수한 마음을 통해 살아 계신 그리스도를 만날 수 있다고 가르쳐 왔다. 교회의 많은 영성가는 한결같이 이 마음의 심저心底에 깊이 들어가라고 충고한다. 하느님은 말씀과 성사를 통해 우리 마음에 거하시므로, 마음을 잘 가꾸어야 그 안에서 하느님의 뜻이 더욱 뚜렷이 드러나게 된다. 물론 교회사를 보면 마음의 측면을 지나치게 강조한 극단주의자들도 있었다. 그래도 앞서 말한 중요성 때문에 동양의 전통이나 그리스도교 영성생활에서는 한결같이 마음의 고요를 강조한다.

지금까지 성경 독서를 시작하기 전에 몸과 마음을 바르게 해야 할 필요성에 대해 이야기했다. 이런 동양의 유산이 현대의 서양인들에게 각별한 도움을 줄 수 있을 것이다.

2) 하느님의 현존을 의식한다

몸과 마음을 바르게 했으면 이제 깊은 호흡과 함께 하느님의 현존을 의식한다. 언제나 우리와 함께 계시는 하느님의 현존을 깊이 의식하는 것은 매우 중요하다. 이것이 타 종교나 뉴에이지 운동과 렉시오 디비나가 근본적으로 다른 점이다. 우리는 인간의 가능성을 알지만 한계도 분명히 깨닫고 있기에 더욱 하느님의 도움을 필요로 한다. 사실 좌선, 요가, 단전호흡, 초월 명상 등 인간 잠재력을 지나치게 강조하는 많은 수행법은, 자칫 인간 능력을 절대적으로 맹신한 나머지 신을 도외시하는 뉴에이지 운동으로 전락할 위험이 있다. 이에 대해 주교회의 신앙교리위원회는 다음과 같이 지적한다. "오늘날 한국의 사회적·종교적 흐름은 건전한 신앙생활보다 환시·기적·예언 등의 기이한 현상을 중시하고 이에 집착하며, 더 나아가서는 교회의 전통적인 가르침이나 제2차 바티칸 공의회의 정신을 크게 위협하고 있다."[20] 그러므로 이런 방법들을 시도하는 초보자들은 되도록 지도신부나 영적 지도자의 도움을 받는 것이 좋다. 실제로 그러한 수행을 깊이 하다 보면 신비 현상들이 충분히 일어날 수 있다. 그러나 여기에 너무 집착하면, 정작 달은 보지 못하고 달을 가리키는 손가락 끝만 보는 우를 범하게 된다. 우리는 영적 여정을 정확히 직시하고 단순하고 순수한 마음으로 손가락이 아니라, 직접 달을 향해 나아가야 한다.

성경 독서나 성경 묵상을 시작할 때 하느님 현존을 의식하는 것은 우리를 안전하게 인도하여 하느님과의 일치로 나아가게 한다. 17세기 가르멜회 수도자 라우렌시오 수사는 수도생활 40여 년을 하느님의 현존을 체험하는 수행에 바쳤다. 그도 처음에는 어려움을 겪었지만, 오랜 노력과 수행을 통해 마침내 일하거나 기도하거나 산책하거나 다른 어떤 일을 하거나 항상 하느님의 현존을 의식하며 살 수 있었다. 하느님의 현존을 자주 의식하고 오래 수행하다 보면 어떠한 상황에서든지 늘 하느님께로 정신을 집중하게 된다.[21] 이렇게 모든 그리스도인은 늘 하느님 현존 안에서 생활해야 한다. 최소한 성경 독서나 성경 묵상을 시작하기 전에라도 하느님의 현존을 깊이 의식한다면 큰 도움이 될 것이다. 사실 하느님은 우리 가까이 계시며 "우리는 그분 안에서 살고 움직이며 존재합니다"(사도 17,28). 그런데 이 사실을 자주 망각하니 유감스럽다. 성경 독서나 성경 묵상을 시작할 때 조용히 앉아 몸과 마음을 다스린 후, 하느님의 현존을 깊은 호흡과 함께 느끼고 받아들임은 그래서 필요하다.

3) 성령께 도움을 청한다

 아무리 몸과 마음을 고요히 하고 하느님의 현존을 깊이 의식하더라도 성경 독서나 성경 묵상을 열매 맺게 해 주시는 분은 궁극적으로 성령이시다. 성령만이 우리에게 모든 것을 가르쳐 주신다. 이분만이 거룩한 말씀의 의미를 계시하시며, 우리 안에 거하시면서 우리 삶을 안전하게 인도하신다. 성령의 인도를 받아야 영성생활이 빗나가지 않고 하느님 안에 깊이 뿌리내리게 된다. 예수님도 공생활 시작 전, 사막에서 성령의 인도를 받으셨기에 사탄을 물리치실 수 있었다. 초기 수도자들 역시 사막이나 광야로 들어갔지만, 그들을 인도했던 분은 바로 성령이었다. 성령만이 우리를 가장 안전하고 직접적으로 하느님과의 일치로 나아가게 한다. 이 성령은 우리 안에 사랑 · 기쁨 · 평화 · 인내 · 친절 · 선행 · 진실 · 온유 · 절제의 열매(갈라 5,22-23 참조)를 맺게 한다. 그러므로 성경 독서나 성경 묵상을 시작하기 전에 우리의 마음을 비추시어 당신의 심오한 말씀의 신비를 깨닫고 우리 안에서 열매 맺게 해 주시도록 성령께 도움을 청해야 한다. 성령께 도움을 청할 때는 자유롭게 청원기도를 드리거나 "오소서, 성령이여! 저의 마음에 임하소서"라는 짧은 기도를 바칠 수도 있다. 아무튼 중요한 것은 각자 간절하고 진실한 마음으로 마음을 열고 성령께 도움을 청해야 한다는 사실이다.

4) 성경 말씀을 작은 소리로 천천히 읽고 듣는다

☞ 유의할 점

▶ 빨리 읽으려고 서두르지 않는다.
▶ 전 존재로 읽는다: 손으로는(촉각) 성경을 들고 읽을 곳을 편다.

눈으로는(시각) 성경의 말씀을 보고, 입으로는 그 말씀을 작은 소리로 읽는다. 귀로는(청각) 그 말씀을 듣고, 기억과 마음속에 깊이 간직한다.

▶ 가능하면 그날의 독서와 복음을 읽는다.

5) 성경 말씀 중에 마음에 닿는 구절이 있으면, 거기에 잠시 머무른다

☞ 유의할 점

▶ 마음에 닿는 구절에 밑줄을 그어 표시해 둔다.
▶ 그 구절을 작은 소리로 천천히 반복 · 암송한다.

6) 같은 방법으로 성경을 읽어 내려간다

7) 하느님께 대한 감사기도로 끝마친다

☞ 유의할 점

▶ 일어나기 전에 고요히 감사기도를 바친다.
▶ 일어나기 전에 마음에 닿았던 성경 구절들 중 하나를 택하여 기억이나 쪽지에 간직한다.
▶ 일어나면서 그 구절을 가지고 일상으로 돌아간다.
▶ 선택한 성경 구절을 일상에서 끊임없이 되뇐다.

2. 공동 독서

1) ~ 3) 개인 독서와 같음

4) 성경 말씀을 작은 소리로 천천히 읽고 듣는다

(1) 하느님의 말씀을 귀 기울여 듣는다(첫 번째 독서)

☞ 유의할 점

▶ 한 사람이 선택된 성경 구절을 천천히 소리 내어 읽는다.

▶ 성경 구절의 선택은 모임의 성격이나 상황에 따라 다르겠지만, 되도록이면 그날의 독서와 복음 중에서 골라 읽기를 권한다.

▶ 잠시 침묵하면서 봉독된 성경 말씀을 전체적으로 되새겨 본다.

▶ 지도자는 서둘러 다음 단계로 넘어가지 말고 침묵의 시간을 적당히 가진 후에 다음 독서를 하도록 한다.

(2) 하느님의 말씀을 귀 기울여 듣는다(두 번째 독서)

☞ 유의할 점

▶ 다른 한 사람이 같은 성경 구절을 소리 내어 천천히 반복해서 읽는다.

▶ 잠시 침묵하면서 마음에 닿는 성경 구절을 택해 기억 속에 간직한다.

▶ 지도자는 서두르지 말고, 반드시 침묵의 시간을 적당히 가진 후에 다음으로 넘어가야 한다.

(3) 하느님의 말씀을 귀 기울여 듣는다(세 번째 독서)

☞ 유의할 점

▶ 셋째 사람이 똑같은 성경 구절을 천천히 소리 내어 읽는다.

▶ 각자는 자신이 선택한 말씀을 침묵 중에 신·망·애 안에서 천천히 반추한다.

▶ 마찬가지로 지도자는 서두르지 말고, 반드시 침묵의 시간을 적당히 가진 후에 다음으로 넘어가야 한다.

5) 나눔

☞ 유의할 점

▶ 자기에게 의미 있게 다가온 성경 구절이나 자신이 깨달은 바를 서로 자유롭게 나눈다.

▶ 나눔은 모두가 해야 하는 것은 아니다. 원하지 않으면 조용히 다음 사람에게 차례를 넘긴다.

6) 하느님께 대한 감사기도로 끝마친다

☞ 유의할 점

▶ 지도자는 공동체를 대표해서 자유롭게 감사기도나 주님의 기도를 바칠 수 있다.

▶ 각자는 고요한 마음을 유지하면서 선택된 하나의 성경 구절을 기억 속에 간직한다.

▶ 공동 독서가 끝나면 선택된 그 성경 구절을 가지고 각자 일상으로 되돌아간다.

▶ 선택된 성경 구절을 일상에서 끊임없이 되뇐다.

3. 반추기도

1) ~ 3) 개인 독서와 같음

4) 성경 말씀을 천천히 반추한다

(1) 선택한 성경 구절을 떠올린다(토출)

씹기 위해서는 반드시 음식을 먹어야 한다. 마찬가지로 반추기도에는 반드시 재료가 될 성경 구절이 필요하다. 이런 성경 구절은 성경 독서에서 선택하는데, 되도록 아침 시간에 그날 하루 동안 반추할 성경 구절을 선택하여 기억하거나 쪽지에 적어 간직한다. 그리고 그 구절을 종일 되씹을 양식으로 삼아 일할 때나 쉴 때, 차를 기다리거나 걸어가면서 가능한 한 자주 천천히 되뇌어 보기를 권한다. 그러나 그것이 대단히 어려울 경우도 있다. 업무를 급히 처리해야 하거나 많은 사람을 만나야 하는 상황에서 말씀을 평화로이 되뇐다는 것은 사실상 불가능하다. 그렇다면 저녁에 묵상 시간을 따로 정해 놓고 집중적으로 성경 말씀을 반추하는 것이 차라리 낫다. 그러기 위해서는 기억이나 쪽지에 간직해 둔 성경 말씀을 떠올려야 한다. 평소에 성경 독서를 소홀히 했다면, 성경 묵상에 필요한 성경 구절을 떠올릴 수도 없다. 토출하기 위해서는 성경 독서 시간에 선택된 성구를 기억이나 쪽지에 간직해야 한다.

(2) 성경 구절을 되씹는다(재저작/재혼합)

이렇게 선택된 하나의 성경 구절을 천천히 호흡이나 심장에 맞추어 되씹는다. 단순히 되씹기만 하는 것이 아니라 신·망·애의 마음으로 성경 말씀이 머리에서 마음으로 각인될 수 있도록 아주 천천히 되뇐다. 이때 절대로 추리나 상상 혹은 공상을 하려 해서는 안 된다. 이 점을 특히 어려워하는 이들이 많다. 사실 그간 많은 묵상법이 상상과 추리를 강조해 왔으며, 도미니코회 영성신학자 조던 오먼은 "추리 작용이 없으면 묵상이 아니다"[22]라고까지 했다. 필자도 인간의 지성이나 이성을 완전히 무시하거나 무가치하게 여기지는 않는다. 이 역시 하느님의 선물이며 묵상에 도움 되는 것이지만 어디까지나 성령의 움직임 안에서 자연스럽게 사용되어야 한다. 너무 인위적인 추리나 상상에 의존할 것이 아니라, 그냥 단순한 마음으로 성경 말씀을 되풀이하다 보면 어느덧 저절로 새로운 영감들이 떠오르게 되는데, 그때 자연스럽게 거기에 자신을 내맡기라는 것이다. 이것은 매우 중요하다. 묵상에서 인위적인 상상과 감정은 자칫 자기 충족감이나 자기 만족이라는 헛된 길로 오도할 위험이 있기 때문이다. 반추기도에서 진정한 깨달음이나 열매를 주시는 분은 우리가 아닌 성령이다. 반추기도는 성령을 우리에게 맞추는 것이 아니라, 성령의 인도에 우리를 맡기는 것이다.

 불교에서도 공안公案을 참구參究하는 선승들에게 상상과 추리는 절대 금물이다. 설사 자기 상상과 추리로 공안의 뜻을 조금 깨쳤더라도 스승은 바로 이를 내치며 다시 시작하기를 명한다. 마찬가지로 상상과 추리에 의한 하느님의 이미지는 결코 하느님이 아니다. 이는 반드시 극복해야 할 불완전한 것들이라고 십자가의 성 요한은 충고했다. 그러므로 이 단계에 머물러 있다면 더 깊이 들어갈 수가 없다. 기존의 묵상법들과는 달리, 반추기도는 상상과 추리 작용을 거부한다. 그냥 단순히 신·망·애에 가득 찬 마음으로 말씀을 천천히 되뇌는 수도자들의 전통적인 방법이 반추기도다. 여기에는 어떤 기교도 필요 없다. 때와 장소를 가리지 않고 누구나 부담 없이 시도해 볼 만한 독특한 성경 묵상 방법이다. 시토회의 앙드레 루프 아빠스는 이렇게 말한다. "사랑스러운 마음으로 성경 말씀을 되풀이함으로써 나는 과일에서 과즙을 짜내듯 그 말씀에서 참된 의미를 발견한다. 나는 그 말씀으로 자양분을 받고 스스로를 먹이며, 그 안에서 힘을 얻는다. 이때 내 마음은 새로운 빛으로 채워지며, 나는 그 말씀에 더 깊이 매료된다. 그 말씀은 나와 하나 되어 내 마음에 스민다. 마음 깊이 스며들어 다함 없는 자양분으로 힘 북돋아 주시는 그 능력에 힘입어 나의 내적인 존재는 다시 태어난다."[23] 예수회 신부 윌리엄 존스턴의 말은 보다 구체적이다. "어떤 성경 문구든 계속 맛있게 되새기는 것도 훌륭한 명상법이 될 수 있다. 그러면 모든 걱정과 쓸데없는 생각과 추리를 떨쳐 버리게 될 것이다. … 조용히 예수님의 말씀을 계속 반복하라. '몸이 옷보다 더 소중하지 않습니까?' 이 말씀에 대해 생각도 추리도 하지 말고 … 깨달을 때까지 그저 그 말씀을 음미하라. … 이 신비를 깨닫게 될 때, 몸이라는 말이 더욱 힘차게 발음되고 내 몸과 그 말씀은 하나가 된다."[24] 카시아누스의 『담화집』에서 이사악 압바는, 뜨겁고 짧고 잦은 기도의 실천을 설명하면서 "마음이 이것(짧은 기도 문구나 성구)을 꾸준히 묵상하여 강해지면 마침내 온갖 사고방식의 풍부하고 충만한 자료를 다 버리고 … 다만 이 한 구절의 가난에 스스로를 제한하게 된다"(담화집 10.11)[25]고 말한다. 성경 말씀을 자주 열심히 반추하면 하느님과의 일치가 가능해지고 마음과 기도가 단순성과 통일성을 갖추게 된다. 이때 기도를 바치는 이는 논리적인 반성에서 떠나 하느님께 대한 고요하고 단순하며 사랑 충만한 기도로 나아간다.

그 때문에 반추기도는 고요하고 단순하고 열렬하게 말씀을 되씹어 그 맛을 느끼도록 해야 한다.

(3) 성경 말씀을 마음에 간직한다(재연하)

되씹은 음식물은 재연하를 거치며 소화 계통을 통해 살과 피로 흡수된다. 반추기도에서도 되씹은 하느님의 말씀이 풍요로운 맛과 함께 우리 마음에 흡수되어 영혼의 양식이 된다. 영혼은 이 영적 양식으로 살찌고, 분망함 중에도 중심을 잃지 않는다. 그리고 하느님과 함께하며 그분께 영광을 드리는 삶을 살게 될 것이다. 말씀이 완전히 내 안에 녹아들면 말씀과 내가 하나가 된다. 말씀과 나 사이에 거리도 없어져, 말씀이 곧 나이고 내가 곧 말씀이 되는 높은 경지에 도달한다.

깨달음을 추구한 옛 선승들의 경우도 그러했다. 불교에서는 깨달음의 여정을 십우도(십우도)[26]로 표현한다. 처음에는 소와 나의 분리를 체험하지만 수행이 깊어지면서 소와 내가 하나가 되고, 나중에는 소도 나도 없어지는(人牛俱忘) 텅 빈 충만을 체험하고, 마지막에는 '입전수수', 즉 맨발에 배꼽을 드러낸 채 걸망 하나 메고 너털웃음 지으며 저잣거리로 돌아온다.

그리스도인의 영적 여정도 이와 비슷하다. 물론 불교와 그리스도교의 교리가 근본적으로 다르겠지만, 깨달음의 여정, 완덕의 여정이라는 점에서는 큰 차이가 없다. 우리의 영적 여정 역시 처음에는 말씀과 내가 분리된 단계에서 시작하지만, 어느덧 수행이 깊어지면 말씀과 내가 하나임을 체험하게 될 것이다. 더 높은 단계로 넘어가면 말씀이 나이고, 내가 말씀인 경지에 다다른다. 이것이 바로 십자가의 성 요한이나 아빌라의 데레사가 말한 변형일치의 단계다. 이를 바오로 사도는 "이제는 내가 사는 것이 아니라 그리스도께서 내 안에 사시는 것입니다"(갈라 2,20)라고 표현했다. 말씀이 몸과 피로 완전히 소화되어 나와 하나 되면 더 이상 말씀과 나는 분리되지 않는다. 이런 상태는 모세가 시나이 산에서 하느님을 체험하던 상징적인 모습이기도 하고, 타볼 산의 예수님 모습일 수도 있다. 이렇게 말씀과 완전히 하나가 된 영혼에게는 장소가 문제되지 않는다. 시장 한복판이든, 사막이든, 수도원 울타리 안이든 밖이든 장소는 아무 의미가 없다. 그냥 거기에 하느님 말씀과 하나 되어 존재하기 때문이다. 이런 높은 단계에 이르기 위해서 그리스도인은 늘 성경을 가까이하고 되새기며, 마음 깊이 간직하여 참된 양식이 되도록 애써야겠다.

5) 하느님께 감사기도를 드린다

마칠 시간이 되면 함께 기도하던 사람들이 다 들을 수 있도록 지도자는 종이나 징으로 신호를 보낸다. 신호가 울리면 바로 일어서지 말고 고요한 분위기를 지속하면서 하느님께 감사기도를 드린다. 이 시간 함께해 주시고 말씀의 심오한 신비를 깨닫게 해 주신 하느님께 감사기도를 드리는 것이다. 그리고 3~4분 정도 지난 후 다 함께 "알렐루야" 노래를 부르며 주님을 찬미한다. 알렐루야를 부르는 방법은, 처음에 선창자가 허밍으로 노래를 시작하면 다 함께 허밍으로 따라 하고, 그다음 작은 소리로 반복하고, 다시 더 큰 소리로 반복하여 노래한 후에, 다시 작은 소리로, 그리고 허밍으로 끝마친다. 끝으로 십자성호를 그으며 묵상 시간을 마치면 몸을 전후좌우로 천천히 움직이면서 자세를 푼다. 결코 조급해하거나 빨리 끝내려 해서는 안 된다. 자세를 다 푼 다음에는 앉은 자리에서 원활한 혈액순환을 위해 간단한 운동을 한다. 두 발끝을 최대한 몸 바깥쪽으로 쭉 폈다가 다시 몸 안쪽으로 최대한 끌어당겨라. 그러면 저린 부분들이 빨리 회복되고 혈액순환도 잘될 것이다. 묵상이 끝나고 일어설 때도 자신이 되뇌었던 말씀을 마음에 깊이 간직하고 일어나야 한다. 일어설 때 무슨 말씀을 되뇌었는지 기억나지 않는다면 분명 반추기도를 제대로 하지 않은 것이다. 반추기도를 오래 하면 성경 말씀의 표상적 의미를 넘어 깊은 영적 의미를 꿰뚫어 알게 된다. 세상의 온전한 빛과 소금이 되는 것은 바로 이런 경지에서이다.

맺는말

하느님과의 일치! 이것은 그리스도인이 지향하는 삶의 궁극 목표다. 우리의 영성생활이나 금욕생활은 하느님과의 일치로 나아가고자 함에 그 목적이 있다. 수도 전통에서 수도자들은 이런 목표를 향한 구체적인 한 방법으로서 렉시오 디비나 수행을 전해 주었다. 이것은 성경을 머리가 아니라, 마음으로 읽고 되새김하는 단순하지만 독특한 수행이다. 바로 이런 수행을 통해서 그들은 자신들의 수도생활과 영성생활을 더욱 풍요롭게 할 수 있었다. 하느님 말씀과 하나 됨! 바로 이것이 렉시오 디비나 수행이 참으로 의도했던 목표였다. 매일매일 전 존재로 하느님 말씀을 읽고 들으며, 일상에서 되새김 수행을 통해 끊임없이 암송하여, 말씀과 하나 됨의 단계로 넘어가는 것이 바로 수도 전통에서 행해졌던 렉시오 디비나 수행이다. 이런 수행은 분명히 우리의 영성생활이 빗나가지 않고 안전하게 하느님 말씀 안에 깊이 뿌리내리도록 도와줄 것이다.

  오늘날 하느님 말씀의 중요성이 교회 안에서 점차 강조되는 것은 다행한 일이다. 수도 전통에서 행해져 온 렉시오 디비나 수행은 영적 갈증을 느끼는 많은 현대인에게 어떻게 말씀과 하나 됨이 가능한지를 구체적으로 제시해 준다. 중요한 것은 스스로 실천하는 것이다. 다른 사람이 맛있는 음식을 먹고 그것에 대해서 아무리 설명해 준들, 어떻게 그 맛을 정확히 알 수 있겠는가? 스스로 그 음식을 맛볼 때, 비로소 그 맛을 제대로 알 수 있다. 우리의 영성생활도 마찬가지다. 아무리 훌륭한 수도 교부들이나 영성가들이 하느님에 대해 스스로 체험한 바를 들려준다 해도, 그것을 직접 체험하지 않고서는 그 하느님을 정확히 알 수가 없다. 우리는 좋다는 기도 방법들을 찾아 부평초처럼 여기저기 떠다니다가 정작 하느님 안에 깊이 뿌리내리지 못하는 우를 범해서는 안 된다. 이제 골방에서 홀로 하느님 말씀과 조용히 대면하며 그 말씀과 하나 되는 여정에 들어설 때가 아닌가 한다. 수도 전통에 깊이 뿌리를 두고 있는 성경 독서와 성경 묵상이 우리의 영성생활을 보다 풍요롭게 해 줄 것으로 믿어 의심치 않는다.

■부록 1

귀고 2세 『수도승의 사다리』[1]
관상생활에 관한 서한

1. 서문

　귀고가 친애하는 제르바제Gervase 형제에게

　형제여, 주님 안에서 기뻐하십시오. 나는 당신에게 사랑의 빚을 졌습니다. 왜냐하면 당신이 먼저 나를 사랑했기 때문입니다(1요한 4,10 참조). 당신이 지난번 편지에서 회신을 부탁했기 때문에 나는 답장을 해야 할 의무를 느낍니다. 나는 봉쇄 수도자들의 고유한 영적 수행들에 대한 견해를 당신에게 써 보낼까 합니다. 이런 것들에 대해 단지 이론으로 알고 있는 나보다는, 체험으로 더 많이 알고 있는 당신이 내 생각들을 판단해 보고 바로잡게 하려는 것입니다(히브 4,12 참조). 내가 누구보다 먼저 당신에게 이 작업의 첫 결과들을 제시하는 것은 당연하다고 생각합니다. 그럼으로써 당신이 파라오의 속박에서 몰래 구해 낸(탈출 13,14 참조) 그 어린 나무의 첫 열매들(시편 143,12 참조)을 따도록 말입니다. 파라오에게서 홀로 자란 그 나무를, 당신은 질서 있게 늘어선 나무들 사이에 자리를 잡아 주었습니다(아가 6,3.9 참조). 예전에 당신은 숙련된 정원사처럼 야생 올리브 나무에서 잘려 나간 가지를 정교하게 그 줄기에 접목했습니다(로마 11,17.24 참조).

2. 사다리의 네 단계

　어느 날 바쁘게 손노동을 하다가, 나는 영적인 일에 대해 생각했습니다. 갑자기 영적 수행의 네 단계가 떠올랐습니다. 독서, 묵상, 기도, 관상입니다. 이것들은 수도자들이 지상에서 하늘로 올라가는 사다리가 됩니다. 이 사다리의 계단은 얼마 되지 않지만, 그 길이는 엄청 깁니다. 왜냐하면 그 사다리의 아래쪽은 땅에, 꼭대기는 구름을 뚫고 천상의 신비에 닿아 있기 때문입니다(창세 28,12 참조). 사다리의 계단, 혹은 단계들은 분명히 이름과 차례도 다르고, 순서와 특성도 서로 다릅니다. 누군가 이 단계들의 특성과 역할을 주의 깊게 관찰하여, 각 단계들이 우리와 어떤 관련이 있으며, 그들 간의 차이와 순서는 어떻게 되는지 알게 된다면, 여기에 드는 수고쯤이야 그가 받을 도움과 위로에 비하면 하찮고 손쉬울 뿐입니다(창세 29,20 참조).

독서는 온 힘을 집중하여 성경을 주의 깊게 연구하는 것입니다. 묵상은 이성의 도움으로 숨겨진 진리를 알려는 정신의 능동적인 작용입니다. 기도는 선을 얻게 하고 악을 멀리하시는 하느님께 바치는 마음의 봉헌입니다. 관상은 정신이 하느님께로 들어 올려져 거기에 머무르는 단계로, 이때 한없이 감미로운 환희를 맛봅니다. 이제 이 단계들의 역할에 대해서 살펴보도록 하겠습니다.

3. 네 단계의 역할

독서는 복된 삶의 감미로움을 추구합니다. 묵상은 그것을 깨닫고, 기도는 그것을 청하며, 관상은 그것을 맛보는 것입니다. 달리 말하면, 독서는 음식을 입에 넣는 것이고(1코린 3,2; 히브 5,12 참조), 묵상은 그것을 씹어 분해하며, 기도는 그것의 맛을 느끼고, 관상은 그것으로 인해 기쁘고 새롭게 되는 감미로움 그 자체입니다. 독서는 외부에서, 묵상은 중심에서 작용합니다. 기도는 우리가 갈망하는 바를 청하고, 관상은 우리가 발견한 감미로운 환희를 줍니다. 이 점 더 자세히 살펴봅시다.

4. 독서의 역할

"행복하여라, 마음이 깨끗한 사람들! 그들은 하느님을 볼 것이다"(마태 5,8)라는 구절을 듣습니다. 이것은 짧은 성경 구절이지만 한없이 감미롭습니다. 이는 영혼을 기르는 여러 감각으로, 마치 입속에 가득 넣은 포도알과 같습니다. 영혼이 그것을 주의 깊게 검토하면 영혼은 스스로에게 "여기에 좋은 것이 있다"고 말합니다. 이것은 참으로 귀중하고 원할 만한 것이기에 나는 나의 마음으로 돌아가(루카 15,18 참조) 이 순수한 것을 발견하고 이해하려고 노력할 것입니다. 이것을 소유한 사람들은 복되다고 합니다. 그 보상은 영원한 생명이신 하느님을 뵙게 되는 것입니다. 이것은 성경 곳곳에서 칭송되고 있습니다. 이에 대해 더 많이 알고자 하는 영혼은 마치 포도 짜는 기계가 포도를 짜듯이 이 포도알을 머금고 씹기 시작해야 합니다. 이때 영혼은 이성의 능력을 사용하여, 이 고귀한 순수함이 무엇이며 어떻게 이것을 얻을 수 있는지 물어야 합니다.

5. 묵상의 역할

묵상이 부지런히 이 일을 할 때, 묵상은 더 이상 밖에 남아 있지 않으며, 중요하지 않은 것들에 사로잡히지 않고, 더 높이 올라가 문제의 핵심에 도달하여 각각의 요점을 철저하게 파악하게 됩니다. 묵상은 "몸으로 깨끗한 사람들은 복되다"고 하지 않고 "마음으로 깨끗한 사람들이 복되다"고 한 성경 말씀에 주목합니다. 왜냐하면 우리 마음의 불순한 생각이 정화되지 않고는 악한 행실에서 손을 씻는 것만으로는 충분하지 않기 때문입니다(창세 37,22 참조). 예언자가 "주님의 산에 오를 이 누구이며, 거룩한 그곳에 서 있을 이 누구인가? 그의 손은 깨끗하고 그의 마음은 순수한 이니라"(시편 24,3-4 참조)라고 말할 때, 우리는 예언자의 권위를 느낍니다. 또 예언자가 "하느님, 내 마음을 깨끗이 만드시고"(시편 51,12 참조), "내 나쁜 뜻을 품었었던들 주님은 아니 들어주셨으리라"(시편 66,18 참조)라고 기도할 때, 묵상은 이런 마음의 순결을 얼마나 간절히 찾고 있는지를 깨닫게 됩니다. 거룩한 사람인 욥이, "나는 내 눈과 계약을 맺었는데 어찌 젊은 여자에게 눈길을 보내리오"(욥 31,1)라고 말했을 때, 묵상은 그가 얼마나 이런 순결을 유지하려 애썼는가를 생각합니다. 이 거룩한 사람이 어떻게 자신을 보호했는지 보십시오. 그는 헛된 것들을 보지 않으려고 눈을 감았고(시편 119,37 참조), 그가 갈망했던 것이 나중에 자신을 경멸하는 꼴을 보지 않으려고 눈을 감았습니다.

이렇듯 마음의 순결에 대해 숙고한 후, 묵상은 그 상급에 대해 생각하고, 그렇게 간절히 갈망했던 "어떤 사람보다 수려하신"(시편 45,3) 주님의 얼굴을 뵈옵는 것이(시편 27,8 참조) 얼마나 환희에 차고 영광스러운가에 대해 생각합니다. 그분은 더 이상 멸시나 거부를 당하지 않고, 어머니가 주신 지상의 아름다움이 아니라 아버지께서 부여하신 불멸의 옷과 왕관을 쓰고 "주께서 마련하신" 부활과 영광의 날에 나타나십니다(시편 18,24 참조). 묵상은 이런 환시가 "나는 당신 영광이 드러날 때 충만해지리라"(시편 17,15 참조)고 예언자가 말하는 그 충만성을 어떻게 가져다주는지 생각하게 합니다. 당신은 작은 포도알에서 얼마나 많은 즙이 나오는지, 작은 불꽃에서 얼마나 큰 불이 일어나는지(집회 11,34 참조) 혹은 "행복하여라, 마음이 깨끗한 사람들! 그들은 하느님을 볼 것이다"라는 이 작은 '쇳조각'이 묵상을 준비하는 동안 어떻게 두드려 펴져 새로운 차원을 얻게 되는지 아십니까? 진실로 이것은 장인匠人의 손에서 더욱 훌륭한 것이 될 수 있습니다. 나는 "그 샘이 깊다"는 것은 느끼지만, 여전히 무지한 초심자입니다. 내가 발견한 것은 그 안에서 이 몇 방울의 물을 끌어올리는 것도 어렵다는 사실입니다(요한 4,11 참조). 영혼은 이런 흥분으로 불붙고, 욕망이 그 화염을 부채질할 때, 감미로움에 대한 첫 암시를 받게 됩니다. 옥합이 깨지면 미각이 아니라 후각을 통해 그 향기를 맡게 됩니다(마르 14,3 참조). 이것으로 영혼은 기쁨에 넘친 묵상의 순수한 체험이 얼마나 감미로운지를 알게 됩니다(시편 34,9 참조).

그런데 영혼은 무엇을 해야 합니까? 영혼은 갈망으로 타오르지만, 아직은 갈망하는 것을 얻는 수단을 발견할 수 없습니다. 영혼은 갈망할수록 더 갈증을 느낍니다. 묵상하는 동안 영혼은 그렇듯 오래 고통을 받습니다. 영혼은 마음의 순결에 속하지만 마음의 순결이 줄 수 없는 감미로움을 맛보지는 못하기 때문입니다. 위에서 주어지지 않는 한(요한 19,11 참조), 독서나 묵상 중에 이 감미로움을 체험하지는 못할 것입니다. 선인과 악인 모두 독서와 묵상을 할 수 있습니다. 심지어 이교 철학자들조차 이성을 사용하여 가장 고귀하고 참된 선을 발견합니다. 그러나 "그들이 비록 하느님을 알았다 할지라도, 그들은 그분을 하느님으로 받들어 섬기지 않았습니다"(로마 1,21 참조). 그들은 자신의 능력을 믿으며 말했습니다. "우리 자신을 찬양하여 노래 부르자." 그들은 자신들이 볼 능력을 가졌다는 것을 이해할 은총을 가지지 못했습니다(로마 1,21 참조). 그들은 자신의 생각 때문에 멸망했고, 그들의 모든 지혜는 삼켜져 버렸습니다(시편 107,27 참조). 그 지혜는 참된 인식을 주는 성령의 지혜가 아니라, 인간의 학문적 연구로 얻는 지혜입니다. 성령의 지혜는 말해진 것을 뛰어넘어 감미로움으로 영혼 안에 머물며, 영혼을 기쁘고 활기차게 하는 감미로운 맛의 지혜입니다. 영혼은 이렇게 말합니다. "지혜는 간악한 영혼 속에 들지 않을 것이다"(지혜 1,4 참조). 이 지혜는 오직 하느님에게서 옵니다. 주님은 분명

세례를 주는 임무를 많은 이에게 맡기셨지만, 세례를 통해 진실로 죄를 사하는 능력과 권위는 오직 당신께 유보하셨습니다. 요한이 "바로 그분이 성령으로 세례를 주시는 분이다"(요한 1,33)라고 했을 때, 그는 그분의 직무로 그분을 불렀고 그 직무를 정의했습니다. 그래서 우리는 그분에 대해 이렇게 말할 수도 있습니다. 바로 이분이 지혜에 감미로움을 더해 주시는 분이며, 영혼을 위해 지식을 감미롭게 해 주시는 분이십니다. 그분은 많은 사람에게 말씀하시지만 영혼의 지혜는 당신이 원하실 때 당신이 원하는 몇몇 사람들에게만 나누어 주십니다(1코린 12,11 참조).

6. 기도의 역할

영혼이 갈망하는 것을 느끼는 경지에 제 힘으로는 도달할 수 없음을 알고(시편 64,7 참조) 마음을 비울수록 하느님께서는 더 들어 올려 주십니다(시편 64,8 참조). 그때 스스로 겸손해져 이렇게 기도합니다. "주님, 당신은 마음의 순결만을 보십니다. 저는 마음의 참된 순수함이 무엇인지, 그것을 어떻게 얻게 되는지 독서와 묵상을 통해서 찾고 있습니다. 이로써 조금이라도 당신을 알고자 하오니 도와주십시오. 주님, 당신 얼굴을 뵈옵고자(시편 27,8 참조) 마음속으로 오래 묵상했습니다(시편 77,7 참조). 주님, 저는 당신을 뵈옵기만을 원했습니다. 묵상 동안 줄곧 갈망의 불꽃이 타올랐고(시편 39,4 참조), 당신을 알고 싶은 욕구는 더욱 커졌습니다. 당신이 저를 위해 성경의 빵을 쪼개실 때(루카 24,30-31 참조), 당신은 그 빵의 쪼갬을 통해 당신을 제게 보여 주십니다(루카 24,35 참조). 당신을 알수록 문자의 껍질인 외적 양식이 아니라 문자에 숨겨진 참된 의미를 통해 더욱 당신을 갈망하게 됩니다. 주님,

제가 이것을 청하는 것은 저의 공덕이 아니라 온전히 당신의 자비 덕분입니다. 저 역시, '주님, 그렇습니다. 그러나 강아지들도 주인의 상에서 떨어지는 부스러기는 먹습니다'(마태 15,27)라고 했던 성경의 그 여인처럼 제 무가치를 깨달아 죄를 고백합니다. 하오니 주님, 제가 희망하는 상속을 보증해 주십시오. 갈증을 해소할 천상적 빗물 한 방울이라도 좋습니다(루카 16,24; 아가 2,5 참조). 제가 사랑에 불타고 있기 때문입니다."

7. 관상의 결과

영혼은 욕구를 불태우는 이 말씀에 의해 그 상태를 알게 되며, 이 매력 때문에 신랑을 찾게 됩니다. 그러나 의인들을 굽어보시고 그들의 말뿐만 아니라(시편 34,16; 1베드 3,12 참조) 기도의 의미까지 파악하시는 주님은 갈망하는 영혼이 모든 것을 다 말할 때까지 기다리지 않고 기도 중에 개입하시며, 그 영혼을 만나기 위해 서둘러 다가오십니다. 그리고 감미로운 천상 이슬을 뿌리시고, 가장 귀중한 향료로 기름을 바르십니다. 그분은 지친 영혼을 회복시키시고, 목마름과 배고픔을 채워 주십니다. 그분은 영혼으로 하여금 모든 지상적인 것을 잊게 하십니다. 주님은 영혼으로 하여금 스스로 지상적인 것에 죽게 하심으로써, 그에게 놀라운 방법으로 새 생명을 주시며, 또한 영혼을 취하게 하심으로써 영혼에게 참된 감각을 되찾아 주십니다. 신체 기능이 작동하듯, 영혼이 육적인 욕구에 정복당하는 만큼 이성의 능력은 상실되고, 인간은 완전히 육적이 됩니다. 반대로 고양된 관상 안에서는 모든 육적인 동기가 정복당하여 영혼 밖으로 밀려나게 됩니다. 그 결과 육이 영에 맞서지 못하고 우리는 온전히 영적 인간이 됩니다.

8. 은총이 다가오는 표지

그러나 주님, 당신이 이런 것을 하실 때 우리는 그것을 어떻게 알며, 또한 당신이 오심을 알리는 표지는 무엇이옵니까?(마태 24,3 참조). 이 위로와 기쁨의 증거자와 전달자들이 한숨과 눈물을 흘리는 것이 가능한 것인지요? 그렇다면 그 위로의 말씀은 일반적으로 함축하고 있는 의미를 완전히 벗어나 전혀 새로운 의미를 지니게 됩니다. 이런 것들이 위로부터 부어져 흘러넘치는 영적 이슬의 풍부함도, 내적 정화의 표지로서의 외적 정화도 아닌 단순한 슬픔에 불과하다면, 한숨을 동반한 위로와 눈물을 동반한 기쁨은 무엇인지요? 겉을 씻는 유아세례에서처럼 내적 씻음도 겉으로 표현되고 드러나기 때문입니다. 반대로 외적 씻음은 내적 씻음에서 비롯됩니다. 이는 복된 눈물이며, 이로써 우리 내면의 더러움은 깨끗해지고 죄책감은 사라지게 됩니다. "행복하여라, 지금 우는 사람들! 너희는 웃게 될 것이다"(루카 6,21). 오 나의 영혼아, 네가 그렇게 슬퍼할 때, 너의 신랑을 알아보고 그리고 네가 갈망해 온 그분을 받아들임으로써 너 자신을 넘치는 기쁨에 취하게 하여라(시편 36,8 참조). 그리고 그 가슴으로부터 위로의 젖과 꿀을 빨아 먹어라(이사 66,11 참조). 네 신랑이 가져다주는 놀라운 상급과 위로는 눈물과 슬픔이다. 이런 눈물은 그분이 네게 마시라고 주시는 은혜로운 음료이다(시편 80,6 참조). 이 눈물이 네 일용할 양식이 되게 하여라(시편 42,4 참조). 그 양식은 인간의 마음을 굳세게 하며(시편 104,15 참조), 꿀과 벌집보다도 더 달콤하다(시편 19,11 참조). 오 주 예수님, 당신에 대한 생각과 갈망 때문에 흘리는 눈물이 이렇듯 감미롭다면, 우리가 당신을 면전에서 보게 될 그 기쁨은 얼마나 더 감미롭겠나이까? 당신을 위하여 우는 것이 이렇듯 감미롭다면, 당신 안에서 기뻐하는 것

은 얼마나 더 감미롭겠나이까? 하지만 조심스럽게 언급되어야 할 이
것을 우리는 왜 이렇게 공개적으로 이야기하는 것입니까? 우리는 왜
언어로 표현될 수 없는 정감을 매일 언어로 표현하려는 것입니까?
모르는 사람들은 이를 이해하지 못합니다. 왜냐하면 그들은 단지 하
느님의 은총 자체가 가르치는 체험의 책을 통해서만 그것들을 좀 더
분명하게 배울 수 있기 때문입니다(1요한 2,27 참조). 그렇지 않고 독서자
가 세속적인 책 안에서 찾는 것은 쓸모가 없습니다. 내적 의미를 드
러내는 마음에 근거한 주석이 거기 없다면, 문자적 의미에 대한 연구
는 감미로움이 없을 것입니다.

9. 은총은 어떻게 감추어져 있는가?

오 나의 영혼이여! 우리는 이 문제를 너무 오래 이야기했습니다.
하지만 베드로와 요한과 함께 신랑의 영광을 보고 그분과 더불어 있
기 위해 우리가 여기 있는 것이 더 유익합니다. 두세 개의 초막이 아
니라(마태 17,4 참조), 기쁨에 넘치는 초막 하나를 이곳에 짓고 우리 모두
가 사는 것이 바로 그분의 뜻입니다. 그러나 지금 신랑은 말합니다.
"지금 동이 트고 있으니 나를 가게 해 주십시오"(창세 32,26 참조). 지금
당신은 은총의 빛과 당신이 원했던 방문을 받았습니다. 그분은 당신
에게 축복을 내려 주시고, 환도뼈를 다치게 하시고, 야곱의 이름을
이스라엘로 바꾸십니다(창세 32,25-32 참조). 그런 다음 그가 잠시 물러가
는 동안, 그렇듯 오랫동안 기다려 온 이 신랑은 곧 다시 떠나가셨습
니다. 그분이 떠나셨다는 것은 사실입니다. 이런 방문이 끝났을 때
관상의 감미로움도 함께 끝났기 때문입니다. 그러나 그분은 아직 미
물러 계십니다. 그분은 우리를 인도하시고 은총을 주시며, 그분 자신

이 우리와 함께하기 때문입니다.

10. 은총이 잠시 모습을 감출 때, 그것은 우리의 선익을 위해 어떻게 작용하는가?

신부여, 그분이 잠시 당신에게서 모습을 감추더라도 두려워하거나 실망하지 말며, 자신을 경멸하지 마십시오. 이 모든 것은 당신의 선익을 위한 것입니다(로마 8,28 참조). 당신은 그분의 다가오심과 떠나가심을 통하여 유익을 얻습니다. 그분은 당신에게 다가오시고 다시 떠나가십니다. 그것은 당신이 위로를 너무 많이 받게 되면 행여 우쭐해질 수 있고(2코린 12,17 참조), 또한 신랑이 언제나 당신과 함께 있음으로 해서 당신이 형제들을 업신여기고, 이 위로를 그분의 은총이 아니라 당신 본성의 능력으로 돌리게 될까 하는 염려 때문입니다. 신랑은 그분이 원할 때 그분이 원하시는 사람에게 은총을 내려 주십니다. 이 은총은 어떤 정당한 권리에 의해 소유되는 것이 아닙니다. "지나친 친밀은 경멸을 부른다"는 속담이 있습니다. 그래서 그분은 너무 마음을 씀으로 해서 행여 멸시당하는 일이 없도록 스스로 떠나가십니다. 오히려 그분이 아니 계실 때, 우리는 그분을 더욱 갈망하게 되고, 갈망함으로써 더욱 간절히 찾게 되며, 찾음으로써 마침내 그분을 발견하여 더 큰 감사를 드리게 됩니다. 장차 나타나게 될 미래의 영광(로마 8,18 참조)에 비하면 한낱 그림자요 단편일 뿐인 이 위로가 부족하지 않았다면, 우리는 이 지상에서 영원한 고향을 찾고 영원한 생명을 덜 추구하게 될 것입니다. 그러므로 우리는 이 현세의 유배지를 우리의 참고향으로, 이 은총의 표시를 우리의 전속 상급으로 여겨서는 안 됩니다(히브 13,14 참조). 신랑은 우리에게 오시고 다시 떠나십니다. 지금 그분은 위로를 주시며, 연약한 이들을 위해 이 모든 상황을 뒤바꾸실 것입니다(시편 41,4 참조). 그분은 당신이 얼마나 감미로운가를 맛보도록 잠시 허락하십니다(시편 34,9 참조). 그리고 우리가 그 맛을 충분히 다 보기 전에 떠나가십니다. 말하자면 이런 경우입니다. 그분은 날개를 펼쳐 우리 위를 날며 우리가 날도록 용기를 북돋우십니다(신명 32,11 참조). 그분은 말씀하십니다. "자 보라, 너는 내가 얼마나 감미롭고 매혹인가를 조금 맛보았다"(1베드 2,3 참조). 하지만 만일 네가 이 감미로움으로 취하고 싶다면 서둘러 내 뒤를 좇아 내 달콤한 향기를 빨아들여라(아가 1,3 참조). 그리고 내가 있는 하느님 아버지의 오른편으로 너의 마음을 들어 올려라(사도 7,55 참조). 거기서는 너희가 더 이상 흐릿한 거울 속에서가 아니라, 얼굴을 맞대고 나를 보게 될 것이다(1코린 13,12; 요한 16,19 참조). 그때 네 마음은 완전한 기쁨을 누릴 것이며, 아무도 이 기쁨을 네게서 빼앗아 가지 못할 것이다(요한 16,22 참조).

11. 은총을 받은 후 영혼은 얼마나 깨어 있어야 하는가?

신부여, 깨어 있으십시오. 떠나시더라도 그분은 멀리 가지 않습니다. 당신이 그분을 뵈올 수 없을 때조차 그분은 당신을 지켜보고 계십니다(에제 1,18 참조). 그분은 당신 앞뒤에서 눈을 크게 뜨고 계십니다. 당신은 어디에도 숨을 수 없습니다. 그분은 천사들과 함께 당신 주위에 계십니다. 천사들은 철저히 그분께 보고드리고, 그분이 거기 계시지 않을 때 당신이 어떻게 행동하는지 지켜보다가 당신에게서 방탕과 타락의 징조를 발견하면 그분께 당신을 고발하는 임무를 띤 영들입니다. 그분은 질투심이 강한 신랑이십니다(탈출 34,14 참조). 그분은 즉시 당신을 떠나실 것입니다. 당신이 다른 어떤 이를 그분보다 더 기쁘게 하려고 그분을 배신한다면, 그분은 다른 사람들에게 호의를 베푸실 것입니다. 이 신랑은 꽤 까다로우십니다. 그분은 좋은 혈통을 지닌 부자이시고 인간의 어떤 아들네보다 아름다우시기에(시편 45,3 참조), 아름답지 않은 신부는 받아 주지 않으실 것입니다. 당신에게서 어떤 흠결을 보시면(에페 5,27 참조), 그분은 즉시 당신에게서 얼굴을 돌리실 것입니다(이사 1,15 참조). 그분은 어떤 불결함도 견딜 수 없으십니다. 그러니 당신이 자주 신랑과 함께하는 기쁨을 누리고 싶다면, 순결하고 진실로 겸손하며 온순해지십시오.

이야기가 너무 길어졌나 봅니다. 하지만 이 주제의 풍부함과 감미로움이 이렇게 하도록 강요했습니다. 내가 의도적으로 이야기를 오래 끈 것이 아니라, 바로 감미로움이 내 의지를 거슬러 그렇게 하도록 한 것임을 이해해 주십시오.

12. 종합

이제 요약해 봅시다. 전체를 보면 우리는 더 넓은 시야를 가지게 될 것입니다. 이미 언급한 여러 예를 통해 이 단계들이 어떻게 서로 연결되는지 알 수 있습니다. 순서상으로도, 인과관계에서도 하나가 다른 하나를 앞섭니다. 사실 독서가 제일 먼저 오는데, 독서는 묵상에 사용할 기초 자료를 제공해 줍니다. 묵상은 찾아야 할 바를 더 주의 깊게 숙고하는 것입니다. 사실 묵상은 그것을 발견하고(마태 13,44 참조) 보이는 보물을 파헤치는 것입니다(잠언 2,4 참조). 하지만 보물을 꺼내는 것은 묵상의 능력 밖에 있기 때문에 묵상은 우리를 기도로 인도합니다. 기도는 온 힘을 다해 자신을 하느님께로 들어 올리며, 그것이 갈망하는 보물, 즉 관상의 감미로움을 청합니다. 그 보물이 주어질 때 관상은 다른 세 가지 노고에 보답합니다. 그 보물은 갈증을 느끼는 영혼에게 천상적 감미로움이라는 이슬로 취하게 합니다. 독서는 외적 감각의 훈련이며, 묵상은 내적 이해와 관계되고, 기도는 갈망과 관련되며, 관상은 이 모든 단계를 능가합니다. 첫 단계는 초심자들, 둘째 단계는 진보한 이들, 셋째 단계는 사랑으로 불붙은 이들, 마지막 단계는 축복받은 이들에게 적합합니다.

13. 이 단계들은 어떻게 서로 연결되는가?

동시에 이 단계들은 함께 연결되어 있어 각각은 서로 다른 것들을 위해서 작용합니다. 그래서 첫 단계는 마지막 단계 없이는 무익합니다. 반대로 마지막 단계 역시 첫 단계 없이는 결코 효과를 거둘 수 없거나 거의 불가능합니다. 우리가 마음 깊은 곳까지 자양분이 스며들도록 음식을 씹고 소화하면서 그것들로부터 자양분을 뽑아내지 못한다면, 성인들의 언행록을 넘기면서 독서로 시간만 보내는 것이 무슨 소용이겠습니까? 우리는 그들을 모범 삼아 우리 영혼의 상태를 주의 깊게 숙고하고, 우리가 그토록 열심히 읽는 분들의 생애를 우리 자신의 행위에 비추어 볼 수 있어야 합니다. 그러나 우리가 읽고 듣기에 앞서 이 문제들에 주의를 기울이지 않는다면, 어떻게 바른 생각이 가능하겠으며, 거룩한 교부들이 제시한 한계들(잠언 22,28 참조)과 무익하고 한가한 주제들을 묵상할 위험을 피할 수 있겠습니까? 듣기도 일종의 독서입니다. 우리가 읽거나, 다른 사람들에게 소리 내어 읽어 주는 책뿐만 아니라 스승들이 읽어 준 책도 우리가 읽었다고 말하는 것은 습관 때문입니다. 기도의 도움과 하느님의 은총으로도 그것을 성취할 수 없다면, 묵상 중에 장차 이루어질 일을 안다 해도 그것이 무슨 소용이겠습니까? 왜냐하면 모든 훌륭한 것과 모든 완전한 선물은 위에서 주어지는 것이며, 빛 자체인 아버지에게서 내려오기 때문입니다(야고 1,17 참조). 그분 없이는 아무것도 할 수 없습니다. 우리 안에서 이루시는 분은 그분이십니다. 그러나 우리의 응답 없이 그것은 결코 완전하게 이루어지지 않습니다. 사도들의 말씀처럼 우리는 "하느님의 협력자들"(1코린 3,9 참조)이기 때문입니다. 그래서 하느님께서는 우리가 당신께 기도하기를 원하십니다. 그분의 은총이 오시어 우리의 문을 두드릴 때(묵시 3,20 참조), 우리 의지가 마음을 열고 그분을 받아들이는 것도 그분이 원하시는 바입니다. 그분이 사마리아 여인에게 "가서 남편을 불러오너라"(요한 4,16)라고 말씀하셨을 때, 그 여인에게 요구하셨던 것은 바로 이 '받아들임'(승낙)이었습니다. 그것은 그분이 "나는 당신을 은총으로 채워 주기를 원합니다. 당신은 자유롭게 선택해야 합니다"(요한 4,10 참조)라고 말씀하신 것과 같습니다. 그분은 그녀에게 기도를 요구하셨습니다. 당신이 하느님의 은총을 알고, 당신에게 마실 물을 청하는 사람이 누구인지 안다면, 당신은 그에게 생명의 물을 청할 것입니다(요한 4,15 참조). 그 여인은 이 말을 주님의 말씀처럼 들었습니다. 그녀는 이 물을 얻는 것이 자기에게 유익하다고 생각하면서 마음속으로 이 가르침을 묵상했습니다. 마침내 그 물에 대한 욕구로 불타오른 그녀는 이렇게 기도했습니다. "주님, 저에게 그 물을 주십시오. 그러면 저는 더 이상 목마르지 않을 것입니다." 그녀가 기도하게 된 것은 주님의 말씀을 듣고 묵상했기 때문입니다. 묵상을 통해 불타오르지 않고서 어떻게 청을 드릴 수 있겠습니까? 이어진 기도에서 그녀가 바라는 것을 청하지 않았다면, 그녀의 묵상이 무슨 유익이 되겠습니까? 여기서 우리는, 진실로 묵상이 열매 맺으려면 간절한 기도가 뒤따라야 하며, 관상의 감미로움은 기도의 열매라는 사실을 배우게 됩니다.

14. 몇 가지 결론

종합하면 이렇습니다. 묵상 없는 독서는 메마르며, 독서 없는 묵상은 오류에 빠지기 쉽습니다. 묵상 없는 기도는 냉담하고, 기도 없는 묵상은 열매를 맺지 못합니다. 기도가 열정적일 때 관상에 이르는 것이지, 기도 없이 관상에 이르는 경우는 거의 없으니, 그것은 기적에 가깝습니다. 하지만 하느님의 권능은 무한하며, 그분의 자애는 다른 모든 피조물을 능가합니다. 때때로 그분은 돌로 아브라함의 자손을 창조하십니다. 그리고 마음이 완고한 자들과 거역하는 자들을 제멋대로 하게 놔두십니다(마태 3,9 참조). 그분은 탕자의 아버지처럼 행동하십니다. 잠언에 나오듯이 뿔 달린 황소를 내주십니다. 초대받지 않으신 곳에 들어오시며, 당신을 찾지 않는 영혼 안에 머물러 계십니다. 이런 일이 성 바오로에게 가끔 일어났다고(사도 9,1-19 참조) 해서 다른 이들에게도 일어날 것이라고 추측해서는 안 됩니다. 왜냐하면 하느님을 시험하는 것이 되기 때문입니다. 그보다 먼저 우리가 해야 할 일, 즉 하느님의 법을 읽고 묵상하며, 그분께서 우리의 연약함을 떠받쳐 주시고(로마 8,26 참조) 약점들을 어여삐 보아 주시도록 간구해야 합니다. 그분은 이렇게 가르치십니다. "청하여라, 너희에게 주실 것이다. 찾아라, 너희가 얻을 것이다. 문을 두드려라, 너희에게 열릴 것이다"(마태 7,7). "폭력을 쓰는 자들이 하늘나라를 빼앗으려고 한다"(마태 11,12).

여기서 우리는 각 단계의 다양한 특성들이 어떻게 하나로 연결되는지, 각 단계가 우리 안에서 어떤 결실을 맺는지 볼 수 있습니다. 다른 일에 마음을 빼앗기지 않고, 언제나 이 사다리 위에 자신의 발을 딛고 서 있는 사람은 복됩니다. 그는 모든 재산을 팔아 오랫동안 감추어져 있던 보물이 묻힌 그 밭을 사는 사람입니다(마태 13,44 참조). 그는 그 밖의 모든 것으로부터 자유로워지기를 원하며, 주님이 얼마나 감미로운 분인지 보고 싶어 합니다(시편 34,9; 46,11 참조). 이 첫 단계에서 열심히 애쓰는 사람은 둘째 단계에서 더 숙고하게 되고, 셋째 단계에서 열정적인 투신을 하게 되며, 마지막 단계에서는 자신이 하늘로 들어 올려지게 됩니다. 마침내 시온에 계신 신들의 신이신 하느님(시편 84,8 참조)을 뵙게 될 때까지, 그의 온 마음이 향하고 있는 이런 올라감에 의해 그는 점점 굳세집니다. 복되도다, 이 지고한 단계에 잠시라도 머무르는 사람은 진실로 이렇게 말할 것입니다. "지금 나는 참으로 하느님의 은총을 체험하고 있다. 지금 나는 산 위의 베드로와 요한과 함께 그분의 영광을 우러러본다. 지금 나는 야곱과 함께 사랑스러운 라헬의 포옹을 기뻐하고 있다."

그러나 하늘에까지 들어 올려졌던 사람은 관상이 끝난 후 깊은 구렁텅이로 곤두박질하지 않도록 주의해야 합니다. 그런 커다란 은총 뒤에 다시 죄스러운 세속적 쾌락들과 육적인 기쁨에 빠지지 않도록 주의해야 합니다. 그러나 인간 마음의 눈은 참된 빛의 광채를 오래 견딜 재간이 없기 때문에, 그 영혼은 자기가 올라갔던 세 단계 중 어느 한 단계로 차례대로 서서히 내려와야 합니다. 그리고 어느 한 단계에서 쉬어야 합니다. 왜냐하면 시간과 장소라는 환경이 영혼에게 자유로운 선택을 요구하기 때문입니다. 그것에서 멀리 떨어져 하느님과 더 가까이 있는 영혼일지라도 첫 단계부터 올라가야 하기 때문입니다. 이것이 바로 인간 본성의 나약함과 비참함이 아니겠습니까?

이제 우리는 복된 삶의 완성이 이 네 단계 안에서 이루어진다는 것과 영적인 사람은 쉼 없이 이 단계에 전념해야 함을 성경의 증언과 이성으로 분명히 보았습니다. 이런 생명의 길을 꾸준히 걷는 사람은 누구입니까? 그 사람이 누구인지 말해 주십시오. 우리가 그를 칭송하겠습니다(집회 31,9 참조). 바라는 사람은 많지만, 사실 얻는 사람은 적습니다(로마 7,18 참조). 우리가 이 적은 무리에 속할 수 있다면 얼마나 좋겠습니까?

15. 이 단계들의 네 가지 장애

일반적으로 이 단계들에는 네 가지 장애가 있는데, 어쩔 수 없는 필요, 생활의 선업, 인간적 약점, 세속적 어리석음이 그것입니다. 첫째 것은 너그러이 봐줄 수 있고, 둘째 것도 참을 수 있으며, 셋째 것은 동정을 자아냅니다. 그러나 넷째 것은 참으로 비난받아 마땅합니다. 하느님의 은총을 전혀 모른 채 세상에 대한 사랑 때문에 참된 목표에서 등을 돌리는 것이 그 은총을 알면서도 자기가 온 길로 되돌아가는 것보다 차라리 더 낫습니다. 이런 사람이 자기 죄에 대해서 변명할 구실이 있겠습니까?(요한 15,22 참조). 주님께서는 당연히 이렇게 말씀하시지 않겠습니까? 내가 너를 위해 무슨 일을 더 해야 한단 말이냐?(이사 5,4 참조). 네가 존재하지 않았을 때 나는 너를 창조했고, 네가 범죄하여 악마의 노예가 되었을 때 나는 너를 구해 주었다. 네가 이 세상의 악인들과 함께 사방으로 쏘다니고 있을 때(시편 12,9 참조) 나는 너를 불러 주었다(이사 43,7-11 참조). 나는 너를 내 눈에 들게 하려 했고, 너와 함께 살기를 원했나(요한 14,23 참조). 그러나 너는 내게 모욕 외에는 아무것도 주지 않았고 오히려 너의 욕망을 좇아 떠났다(집회 18,30 참조). 네가 거부한 것은 나의 말뿐만 아니라 나 자신이었다(시편 50,17 참조). 그러나 오 나의 하느님, 이렇듯 좋으시고 이렇듯 포근하고 친절하신 분이시여, 사랑스러운 친구, 지혜로운 상담자, 강력한 지지자시여! 당신을 거부하고 이렇듯 겸손하고 온유하신 분을 마음에서 내쫓은 그 사람은 얼마나 냉혹하고 어리석나이까? 창조주 대신 악하고 해로운 생각들을 받아들이고는, 얼마 전까지도 천상 기쁨이 울려 퍼지던 성령의 내밀한 방을 그렇게도 빨리 부정한 생각들에 열어젖히고 돼지우리로 만들어 버리다니, 이 얼마나 비참하고 파멸을 부를 일입니까?(마태 7,6 참조). 아직도 신랑의 발자취가 선연한 마음을 불의한 욕망들이 내리누릅니다. 그 결합은 얼마나 병적이고 꼴사나운 것입니까? 얼마 전까지도 인간으로서 하기 어려운 말들을 들었던 바로 그 귀가 그리도 빨리 무익한 비방에 솔깃해지고(2코린 12,4 참조), 성령으로 새롭게 순결해진 눈이 세상의 헛것들에 그리도 빨리 시선을 돌리며(2티모 4,4 참조), 신랑을 환영하는 달콤한 노랫소리 그칠 줄 모르던 그 혀는 열렬하고 간절한 웅변으로 그분과 신부 사이에 평화를 이루지도 못하고 음담과 욕설, 비난과 모략으로 되돌아가기 때문입니다(아가 2,4 참조). 주님, 우리에게는 결코 이런 일이 일어나지 않게 하소서. 우리가 인간적인 약점으로 말미암아 이런 잘못을 범한다 할지라도, 결코 그 때문에 실망하지 않게 하소서. 무기력한 사람들을 굴욕의 처지에서 들어 올려 주시고, 가난한 이들과 죄인들을 곤경에서 구해 주시는 자비로우신 치유자께 급히 되돌아가게 하소서(시편 113,7 참조). 결코 죄인의 죽음을 원치 않으시는 그분께서는(에제 33,11 참조) 끊임없이 우리를 돌보아 주시고 치유해 주실 것이기 때문입니다(호세 6,2 참조).

이제 편지를 끝맺을 때가 되었습니다. 우리 함께 주님께 간청합시다. 그 순간 그분께서는 관상 중에 그분을 뵙지 못하도록 우리를 내리누르는 짐을 덜어 주실 것이며, 조만간 그 짐을 일거에 없애 주실 것입니다. 그분께서는 우리가 시온에 계신 신들 중의 신인 하느님을 뵙게 될 때까지(시편 84,8 참조), 이 단계들로 우리를 더욱 강하게 단련시켜 가며 인도하실 것입니다. 그분에게 선택된 이들은 거기서 신적 관상의 감미로움을 맛보게 될 것입니다. 그때는 아무도 빼앗지 못할 넘치는 기쁨(요한 16,22 참조)과 하느님의 변함없는 평화(시편 4,9 참조)를 맛보게 될 것입니다.

그러므로 나의 형제 제르바제여! 언젠가 당신이 위로부터 이 사다리의 최고 단계에 오르는 것이 허락되어 이런 행복이 당신 것이 될 때, 나를 기억하여 나를 위해 기도해 주십시오. 그래서 당신과 하느님 사이의 장막(탈출 26장 참조)이 벗겨질 때, 나 역시 그분을 뵙게 되고, "오십시오!"(묵시 22,17)라고 말하는 내 소리를 그분께서 듣게 해 주십시오.

■부록 2

렉시오 디비나를 위한 주제별 성구

1. 정화의 단계

● 가난
시편 69,33; 집회 21,5; 마태 5,3; 19,21; 마르 10,21; 루카 6,20; 2코린 8,9; 9,9; 야고 2,5

● 뉘우침(통회)
2역대 6,36-39; 32,24-26; 욥 42,2-6; 집회 20,3; 이사 59,20; 예레 31,19; 다니 3,39; 요엘 2,12-13; 사도 8,20-22; 묵시 2,5.16; 3,3.19

● 단식
에즈 8,23; 1열왕 21,27-29; 1마카 3,47; 2마카 13,12; 집회 34,26; 이사 58,4-6; 바룩 1,5; 다니 9,3; 요엘 2,12; 마태 4,2-4; 6,16-18; 루카 2,36-37

● 마음의 순결
2사무 22,26-27; 시편 24,3-6; 73,1; 119,80; 마태 5,8; 사도 2,44-47; 1코린 5,8; 필리 1,9-12; 4,8; 1티모 1,5; 2티모 2,22; 히브 10,22; 야고 4,8; 1베드 1,22-23; 1요한 3,2-3

● 부르심
창세 12,1-3; 탈출 3,1-4; 24,15-16; 마태 9,9; 10,1-4; 22,14; 로마 8,28-30; 1코린 1,26; 7,24; 필리 3,13-14; 콜로 3,15; 1테살 4,7; 1티모 6,12; 2티모 1,9; 1베드 2,9; 3,9

● 순종
신명 28,1-14; 30,15-17; 여호 5,6; 1사무 15,22; 2역대 30,8; 집회 2,15; 바룩 1,17-22; 루카 2,51; 로마 5,19; 필리 2,8; 히브 11,8-10; 1베드 1,14-16

● 여덟 가지 악덕
  (1) 탐식
삼언 23,1-3; 에제 16,48-49; 집회 31,12-22; 37,29-31; 마태 24,36-44; 로마 13,11-14; 14,17; 갈라 5,19-21

(2) 간음
신명 5,18; 잠언 6,32; 예레 5,7; 13,27; 다니 13; 마태 5,27-32; 15,19; 마르 7,14-23; 로마 2,22; 1코린 6,9-10; 2베드 2,14; 묵시 21,8

(3) 탐욕
창세 3,1-7; 코헬 7,7; 집회 5,2; 6,4; 14,9-10; 18,31; 마태 23,25-26; 마르 7,21-23; 루카 12,13-21; 사도 5,1-11; 1코린 5,10-11; 6,10; 에페 5,3-5; 콜로 3,5-6; 1티모 6,8-10; 야고 1,13-15; 4,2-3

(4) 분노
욥 5,1-2; 시편 37,7-8; 잠언 14,29; 16,32; 22,24-25; 코헬 5,16; 집회 1,21-22; 10,18; 27,30; 28,3; 30,24; 마태 5,22; 루카 15,25-30; 에페 4,26-27; 4,30-31; 콜로 3,8; 야고 1,19-20

(5) 근심
토빗 10,1-7; 시편 25,17; 42,5; 55,22; 139,23; 잠언 17,22; 지혜 6,15; 8,9; 집회 30,23-24; 마태 6,25-27; 6,31-33; 마르 10,17-22; 루카 21,34; 요한 14,1-2; 14,27; 16,20-22; 필리 4,6; 1베드 5,7

(6) 태만
잠언 15,19; 19,15; 21,25; 토빗 4,13; 마태 25,26-28; 마르 13,33-37; 루카 21,34-36; 로마 12,11; 1테살 5,1-11; 2테살 3,6-15; 히브 6,12

(7) 허영심
이사 55,7; 지혜 14,14; 요한 5,41-47; 갈라 5,24-26; 필리 2,3; 3,17-21

(8) 교만
신명 8,14; 시편 10,4; 119,51; 131,1-2; 잠언 1,22; 3,34; 18,12; 29,23; 집회 15,8; 1마카 2,39-48; 2마카 7,30-41; 루카 1,51; 로마 12,16; 1코린 4,6-7; 2코린 12,7; 갈라 6,3; 야고 4,6; 1베드 5,5

● 용서

탈출 34,7; 2사무 12,13-15; 느헤 9,17; 시편 25,11; 99,8; 지혜 11,26; 집회 18,12; 28,2-3; 이사 55,7; 예레 31,34; 호세 14,2-5; 미카 7,18; 마태 18,21-22.35; 루카 6,37; 17,3-4; 요한 20,23; 사도 13,38; 에페 1,7; 콜로 1,14; 3,13; 1요한 1,9; 2,2

● 정결

레위 20,7; 2사무 22,26; 시편 24,3-5; 51,1-7; 이사 35,5-10; 에제 36,24-26; 마태 19,11-12; 1코린 7,29-38; 2코린 11,2; 2티모 2,21-22; 티토 2,14; 1요한 3,2-3

● 주님을 따름

신명 13,5; 시편 119,112; 집회 23,28; 예레 42,5-6; 에제 20,19; 다니 3,41; 미카 4,2; 즈카 3,7; 마태 16,24; 19,29

● 포기

마태 16,24-27; 19,16-22; 마르 1,16-20; 루카 14,25-33; 필리 3,7-11; 1요한 2,15-17

● 하느님께 대한 두려움

창세 15,12-16; 20,8-11; 28,10-20; 탈출 15,13-16; 욥 6,4; 11,14-15; 30,15; 시편 64,9; 88,16; 90,11; 118,6; 잠언 1,27-30; 코헬 3,14; 집회 21,11; 43,28-29; 이사 17,13-14; 마르 4,39-41; 루카 5,24-26; 7,11-16; 1요한 4,18; 묵시 11,11-13

● 화해

집회 22,22; 마태 5,23-25; 로마 5,10-11; 2코린 5,18-19; 에페 2,14-16

● 회개

지혜 12,19; 집회 17,24; 18,21; 마태 3,1-3; 4,17; 11,21; 마르 1,4; 루카 3,3; 5,31-32; 15,3-10; 사도 2,37-38; 3,17 19; 히브 6,4-6; 2베드 3,8-9

2. 조명의 단계

● 겸손
유딧 4,9; 욥 22,29; 시편 25,9; 잠언 3,34; 18,12; 22,4; 29,23; 집회 3,18-19; 10,15; 35,17; 다니 4,14; 스바 2,3; 마태 11,29-30; 루카 17,10; 에페 4,1-3; 콜로 3,12; 야고 4,6; 1베드 3,8; 5,5

● 기다림
창세 49,18; 시편 25,5; 27,14; 33,20-22; 37,34; 119,166; 130,6-7; 집회 2,7; 36,15; 이사 25,9; 30,18; 예레 29,11; 애가 3,24; 스바 3,8; 마태 25,1-13; 루카 2,25-26; 2티모 4,8; 히브 6,15; 야고 5,7-8; 1베드 1,13; 2베드 3,13-14; 유다 1,21

● 기도
민수 21,7-9; 2사무 24,25; 시편 6,9; 66,19-20; 잠언 15,29; 집회 7,10; 17,25; 35,17; 마태 6,5-13; 14,17-23; 15,34-38; 21,21-22; 26,36-46; 마르 14,32-42; 루카 9,28-36; 로마 12,12; 콜로 4,2; 1베드 4,7; 유다 1,20

● 깨어 있음
시편 108,1-2; 잠언 6,9; 이사 51,17; 마태 25,1-13; 26,41; 마르 13,33-37; 1코린 16,13; 에페 6,18; 1테살 5,5-6; 1베드 5,8-9

● 들음
신명 4,1; 5,1; 6,3-7; 13,5; 32,1; 시편 49,1-2; 50,7; 66,16; 78,1; 잠언 4,10; 5,7; 8,4; 이사 28,14; 55,3; 66,5; 예레 10,1; 31,10; 바룩 3,9; 묵시 3,20

● 믿음
1마카 2,52; 마태 6,30-34; 8,26; 9,2.19-22; 루카 18,35-43; 로마 1,17; 3,28; 5,1-2; 1코린 16,13; 갈라 2,20; 에페 3,12; 4,13; 1티모 6,12; 2티모 4,7; 히브 11,1-40; 야고 1,3; 2,14-26; 1베드 5,9; 1요한 5,4

● 사랑

탈출 34,6; 신명 6,4-7; 7,9; 11,13; 30,16; 시편 145,20; 잠언 10,12; 이사 49,13-16; 예레 31,3; 마태 5,43-46; 22,34-40; 요한 3,16; 14,21; 15,9-10; 로마 5,8; 8,28; 12,9-10; 13,8-10; 1코린 13,1-13; 갈라 2,19-20; 에페 4,2-3; 콜로 3,12-14; 1베드 4,8; 1요한 2,15; 3,17-18; 4,7-12

● 섬김

다니 7,13-14; 마태 20,28; 23,1-12; 마르 10,42-45; 루카 17,7-10; 22,24-27; 요한 13,1-20; 로마 12,9; 2코린 4,5; 갈라 5,13-15; 에페 4,11-13; 콜로 3,23-25

● 인내

집회 1,23; 2,14; 로마 5,3-4; 15,4-5; 에페 4,2-3; 콜로 3,12; 2테살 3,5; 1티모 6,11; 히브 6,12; 10,36; 야고 1,3-4; 묵시 2,2-3.19; 13,9-10; 14,12

● 침묵

시편 39,1-2; 잠언 10,19; 18,21; 코헬 3,7; 이사 53,7; 스바 1,7; 집회 20,1; 20,5-8; 야고 3,2-8

● 하느님의 자비

토빗 11,17; 14,5; 2마카 7,23; 집회 35,24; 다니 9,18; 루카 1,78-79; 로마 11,30-31; 히브 4,16; 유다 1,21

● 희망

시편 39,7; 62,5-8; 71,14; 130,5-7; 146,5-7; 잠언 13,12; 이사 40,31; 예레 29,11; 31,17; 사도 26,6; 로마 5,2-5; 8,24-25; 12,12; 15,13; 2코린 3,12; 콜로 1,27; 1티모 4,10; 티토 1,2; 히브 6,18-19; 7,19; 1베드 1,3-4

3. 일치의 단계

● 감사
토빗 13,6; 시편 9,1-2; 32,11; 92,1; 118,28-29; 요엘 2,23; 로마 6,17-18; 2코린 2,14; 9,15; 필리 4,6; 콜로 1,12; 2,7; 3,15-17; 4,2; 1테살 5,18; 히브 12,28; 묵시 7,11-12

● 기쁨
시편 33,21; 84,1-12; 119,35.47; 집회 30,16.22; 마태 25,14-23; 루카 1,40-55; 24,36-43.50-53; 사도 2,28; 로마 14,17-19; 1테살 1,6-7; 야고 1,2; 1베드 1,3-9; 1요한 1,1-4; 묵시 19,5-9

● 새로남
이사 43,18-19; 요한 3,3; 로마 6,3-11; 7,4-6; 8,15; 12,2; 1코린 1,9; 2코린 4,7-12; 5,16-17; 갈라 2,20; 6,15; 에페 2,1-7; 4,20-24; 콜로 3,5-10; 1베드 1,18-19; 2,22-25

● 성령의 선물
마르 1,1-8; 요한 6,63-66; 사도 2,1-13.22-27; 4,1-31; 10,34-48; 로마 8,26-27; 1코린 12,1-13; 14,1-5.12; 갈라 5,22.25; 6,7-10; 필리 2,1-11

● 영원한 생명
요한 3,16.36; 5,24; 6,54-56; 17,3; 로마 6,23; 갈라 6,8; 1티모 6,12; 1요한 5,20; 유다 1,21

● 자유
시편 119,45; 이사 42,6-9; 61,1-3; 집회 15,11-20; 루카 4,16-21; 요한 8,31-36; 로마 6,14-18; 1코린 9,19; 2코린 3,15-17; 갈라 4,1-7; 5,1; 1베드 2,16

● 평화
레위 26,6; 2역대 15,15; 시편 29,11; 72,6-7; 85,8; 집회 38,8; 50,23; 이사 26,3; 66,12; 예레 33,6; 즈카 8,12; 마태 5,9; 루카 1,76-79; 요한 14,27; 로마

5,1; 14,17; 15,13; 1코린 14,33; 2코린 13,11; 에페 2,14; 콜로 1,19-20; 3,15; 야고 3,18

- **하느님의 성령**

사도 4,31; 로마 8,9-17; 14,17; 1코린 2,10-15; 3,16-17; 갈라 4,6; 에페 1,14; 히브 3,7-11; 1요한 4,1-3

주

1장

1 '수도승'(monk)은 그리스어 형용사 μόνος(홀로)에 어원을 둔 '모나코스'(monachos)에서 유래한다. 정의상 '결혼하지 않은 자' 또는 '홀로 사는 사람'(Solitary)을 뜻하여, 원래는 광야에서 살던 은수자(Hermit, Eremita)나 독수도자(Anchorite, Anachoreta)를 가리켰는데 점차 그 의미와 내용이 발전하면서 훗날 회수도자(Cenobite, Coenobita)까지 포괄하는 단어가 되었다. 반면 '수도자'(religious)는 모든 수도자를 지칭하는 더 광범위하고 포괄적인 단어다. 허성석 「하느님을 찾는 삶」 13-13; 허성석 「베네딕도회」 「한국 가톨릭 대사전」 5권, 3288; T. Fry, *RB 1980: The Rule of St. Benedict*, 301-13 참조.

2 E. Ghiotto, "Lectio Divina in the Monastic Community", 39-40 참조; D.S. Kleiner, *Serving God First*, 82-7 참조.

3 A. Watten, "Monastic Lectio", 209-10 참조.

4 M. Sandor, "Lectio Divina and the Monastic Spirituality of Reading", 84 참조.

5 윌프리드 투닝크 「평화의 길」 284 참조.

6 M. Sandor, 앞의 글 83 참조.

7 M. Neumann, "The Contemporary Spirituality of the Monastic Lectio", 98 참조.

8 수도승 생활(monastic life/monasticism)은 그리스도를 더욱 철저히 추종하고 오로지 하느님만을 찾기 위하여 세상으로부터 물러나 사막이나 광야로 들어간 은수자들이나 독수자들의 삶의 전통을 따르는 수도생활을 말한다. 수도생활(religious life)은 주로 근대 이후에 생겨난 다양한 형태의 수도생활을 포괄하는 보다 폭넓은 개념이다. 허성석, 앞의 책 13-4; 허성석, 앞의 글 3288 참조.

9 D. Burton-Christie, *The Word in the Desert*, 107-11.

10 M. Sandor, 앞의 글 87-8 참조.

11 J. Aumann, *Christian Spirituality in the Catholic Tradition*, 97 참조.

12 T.G. Kardong, "The Vocabulary of Monastic Lectio in RB", 173.

13 G. MacGinty, "Lectio Divina: Fount and Guide of the Spiritual Life", 69; A. de Vogüé, "Daily Reading in Monasteries", 286-7 참조.

14 D. Parry, *Households of God*, 133 참조.

15 D.S. Kleiner, 앞의 책 82-7 참조.
16 M.-F. Herbaux, "Formation in Lectio Divina", 138; M. Sandor, 앞의 글 96-9 참조.
17 C. Cumming, "Monastic Practices", 10-2 참조; E. Tobin, "The Prayer of Formative Reading", 91-2 참조; M. Neumann, 앞의 글 99-105 참조; 마이클 케이시 「렉시오 디비나의 일곱 가지 원칙」 43-50 참조; G. MacGinty, 앞의 글 70-1 참조; 조던 오먼 『영성신학』 433-5 참조; D.S. Kleiner, 앞의 책 118 참조.
18 요한 바오로 2세 「평신도 그리스도인」 16항 참조.
19 역대 교황들의 문헌 「사제와 신학생들에게」 32-5 참조.

2장

1 G. Zevini, *La Lectio divina nella comunità cristiana*, 117-9 참조.
2 같은 책 120-1 참조.
3 E. Ghiotto, "Lectio Divina in the Monastic Community", 36 참조.
4 G. MacGinty, "Lectio Divina: Fount and Guide of the Spiritual Life", 65 참조.
5 J. Aumann, *Christian Spirituality in the Catholic Tradition*, 35-7 참조.
6 함세웅 「알렉산드리아의 끌레멘스」 79-81 참조.
7 G. MacGinty, 앞의 글 65-6 참조.
8 식사 중에 독서를 들으면서 침묵하는 것은 수도승 공동체의 오랜 전통이다. 베네딕도회도 예외는 아니지만, 오늘날에는 나라마다 다소 융통성 있게 운용된다. 카시아누스는 『제도서』 4권 17장에서, 식사 중에 거룩한 독서를 듣는 수행의 기원은 이집트 수도승 전통이 아니라, 카파도키아 수도원에서 비롯되었다고 밝힌다.
9 A. Böckmann, *Commentary on the Rule of St. Benedict*, 2.13 참조.
10 치쁘리아누스 『도나뚜스에게 · 가톨릭 교회 일치 · 주의 기도문』 53; T.G. Kardong, "The Vocabulary of Monastic Lectio in RB", 172 참조; A. Böckmann, 앞의 책 13 참조; G. MacGinty, 앞의 글 66 참조.
11 E. Bianchi, *Praying the Word*, 14 재인용.
12 D. Rees et al., *Consider Your Call*, 264 참조.
13 E. Ghiotto, 앞의 글 37 참조.
14 G. Zevini, 앞의 책 122-3 참조.
15 D. Rees는 성경에 대한 지나친 강조가 자칫 성경 외의 다른 영성 서적들이나 일상의 사건들에서도 하느님을 발견할 수 있다는 사실을 부정하는 것이 될 수도 있

음을 지적한다(D. Rees et al., 앞의 책 269-70 참조).
16 M. Sandor, "Lectio Divina and the Monastic Spirituality of Reading", 85-8 참조.
17 Athanasius, *The Life of Antony and the Letter to Marcellinus*, 32.
18 *The Sayings of the Desert Fathers*, 5.
19 같은 책 3.
20 D.H.v. Houtryve, *Benedictine Peace*, 135 참조.
21 *The Sayings of the Desert Fathers*, 58.
22 같은 책 115.　　　　　　　**23** 같은 책 219.
24 M. Sandor, 앞의 글 113 참조.　**25** *Pachomian Koinonia* II, 153.
26 같은 책 166.　　　　　　　**27** *Pachomian Koinonia* I, 451-2.
28 A. Veilleux, "Holy Scripture in the Pachomian Koinonia", 145-53.
29 W.A. Graham, *Beyond the Written Word*, 129.
30 G. MacGinty, 앞의 글 66 참조.
31 카시아누스는 수도 전통에서 베네딕도 성인 이전에 가장 영향력 있는 사람 중 하나였다. 그는 두 권의 저서를 남겼는데, 첫째는 이집트 수도자들의 삶을 서방에 알린 『제도서』로서 총 12권이다. 1-4권은 회(會)수도자들의 생활양식을 설명하고, 5-12권은 여덟 개의 주요 악덕을 다룬다. 둘째는 광야의 교부들의 가르침을 전하는 『담화집』이다. 이것은 15명의 교부들에 대한 24개의 담화로 되어 있다. 이것은 현재 한국 베네딕도 수도회 연합의 정기 간행물 『코이노니아』에 조금씩 번역되고 있다.
32 C. Stewart, *Cassian the Monk*, 104 참조.
33 M. Sandor, 앞의 글 94 참조.
34 옛 시간 개념은 현재의 그것과 다르다. 전기가 없던 당시로서는 자연의 변화에 더욱 민감했을 것이다. 그래서 옛 사람들은 일출과 일몰 사이를 12등분하여 오늘날의 한 시간 개념으로 사용했다. 따라서 여기서 말하는 제3시는 대략 아침 9시경으로 추정된다.
35 St. Augustine, *The Work of Monks*, 362-3.
36 A. de Vogüé, *The Rule of St. Benedict*, 244-5 참조.
37 T. Fry, *RB 1980: The Rule of St. Benedict*, 249; A. Böckmann, 앞의 책 3.
38 A. de Vogüé, "Daily Reading in Monasteries", 286.
39 그레고리우스 대교황은 540년경 로마에서 태어났다. 아버지 골디아노(Goldiano)는 원로원 의원이었고, 어머니는 실비아(Silvia)였다. 572년, 그는 32세의 젊

은 나이에 로마 집정관이 되지만 부친의 죽음과 더불어 사회적 지위를 버리고 수도생활을 하기로 결심한다. 그레고리우스는 유산의 일부를 가난한 사람들에게 나누어 주고, 나머지는 일곱 개의 수도원들을 세우는 데 사용한다. 특히 그는 첼리오 언덕에 있는 부친의 집을 개조하여 수도원으로 만들었다. 그는 베네딕도 1세(574~579) 교황에 의해 사제로 서품되었고, 586년에 자기 수도원의 아빠스로 선출되었다. 그리고 590년에는 교황 펠라기우스 2세의 후임 교황으로 선출되어 604년까지 교회를 위해 정열적으로 헌신한다.

40 『대화집』은 그의 교황직 4년(594)에 쓰였는데, 원제는 『이탈리아 교부들의 기적에 관한 그레고리우스 교황의 네 권의 대화집』 *Dialogorum Gregorii Papae Libri Quatuor, De Miraculis Patrum Italicorum*이다. 1권과 3권은 이탈리아 성인들의 삶과 기적을 다루며, 2권은 베네딕도 성인에게만 할애되었다. 그리고 4권은 종말론적인 주제들을 다룬다. A. Wathen, *Benedict of Nursia*, 229, 234-6 참조.

41 C.H. Lawrence, *Medieval Monasticism*, 72-7 참조.

42 같은 책 77-82 참조; V. Gellhaus, *New Catholic Encyclopedia* IX, 1037-9 참조; J. Aumann, 앞의 책 81-3 참조; T. Fry, 앞의 책 121-5 참조.

43 C.H. Lawrence, 앞의 책 86-98 참조.

44 N. Hunt, *Cluny under St. Hugh*, 114-7 참조.

45 C.H. Lawrence, 앞의 책 98-103 참조.

46 같은 책 174-82 참조.

47 J. Aumann, 앞의 책 96-100 참조; M. Sandor, 앞의 글 99-105 참조.

48 *The New Dictionary of Catholic Spirituality*, 125-7 참조; C.H. Lawrence, 앞의 책 159-63 참조.

49 Guigues II, *Lettre Sur La Vie Contemplative*; Guigo II, *The Ladder of Monks* 참조[이 책 부록 1에 전문 수록].

50 *The New Dictionary of Catholic Spirituality*, 107-10 참조; C.H. Lawrence, 앞의 책 152-3 참조.

51 D. Rees et al., 앞의 책 270-3 참조.

52 G. Zevini, 앞의 책 123-4 참조.

53 E. Ghiotto, 앞의 글 39 참조.

3장

1 Guigo II, *The Ladder of Monks* 67-8 참조.

2 같은 책 69. **3** 같은 책 70.
4 같은 책 73. **5** 같은 책 74.
6 같은 책 82.
7 D. Rees et al., *Consider Your Call*, 266-7 참조.
8 *Pachomian Koinonia* I, 215.
9 Guigo II, 앞의 책 83.

4장

1 J. Leclercq, *The Love of Learning and the Desire for God*, 72 참조.
2 E.E. Larkin, "A Method for Reading the Spiritual Classics", 386-7 참조.
3 T. Merton, *Opening the Bible*, 34-5.
4 J. Leclercq, 앞의 책 72.
5 C. Dillon, "Lectio Divina in the Monastic Tradition", 316-7.
6 M. Sandor, "Lectio Divina and the Monastic Spirituality of Reading", 100 참조.
7 E.E. Larkin, 앞의 글 388 참조.
8 T. Merton, 앞의 책 71-2.
9 Guigo II, *The Ladder of Monks*, 68 참조.
10 같은 책 80. **11** 같은 책 79-80.
12 같은 책 68.
13 D. Burton-Christie, *The Word in the Desert*, 111-4 참조.
14 J. Leclercq, 앞의 책 15.
15 성 아우구스티누스 「고백록」 140-1 참조.
16 J. Leclercq, 앞의 책 72-3.
17 Willam of St. Thierry, *The Golden Epistle*, 40 참조.
18 장 르클레르크 신부는 고대의 독서는 마음에 의한 배움이라기보다는 입술에 의한 배움임을 강조했다. J. Leclercq, 앞의 책 19-22; *RB* 1980, 469 참조.
19 E. Bianchi, *Praying the Word*, 70-1.
20 M. Sandor, 앞의 글 88-92 참조.
21 D.S. Kleiner, *Serving God First*, 82-7; D.S. Kleiner, *In the Unity of the Holy Spirit*, 117-8 참조.
22 A. Louf, *The Cistercian Way*, 75.
23 M.-F. Herbaux, "Formation in Lectio Divina", 128-9 참조.

24 A. Watten, "Monastic Lectio", 214-5 참조.
25 성 이냐시오는 『영신수련』에서 첫 주간부터 넷째 주간까지 생각과 상상을 쉼 없이 사용하기를 강조하며, 아빌라의 데레사도 『영혼의 성』에서 추리나 상상을 이용하는 '정신기도'(mental prayer)를 제시하고 있다. 이냐시오 『영신수련』; Teresa of Avila, *The Interior Castle*, 69-70, 147-8; 예수의 데레사 『영혼의 성』 77, 84, 207-9 참조.
26 J. Cassian, *The Conferences*, 371-4.   27 같은 책 514.
28 *Pachomian Koinonia* I, 30-3.   29 같은 책 202.
30 *The Letters of St. Jerome*, 172.
31 같은 책 145, 147, 150-1, 156, 163 참조.
32 같은 책 224-5.   33 같은 책 231-2.
34 W.A. Graham, *Beyond the Written Word*, 133.
35 Willam of St. Thierry, 앞의 책 52.
36 J. Cassian, 앞의 책 513, 519-22 참조.   37 같은 책 43-6.
38 그리스어 ἀπαθεία(아파테이아)는 어원적으로 욕정(passions)의 부재(不在)를 뜻한다. 이 상태에 이르는 것은 고대 그리스인들의 철학적 이상이었다. 이 용어는 무엇보다 스토아 학파의 용어군에 속해 있다. 스토아의 지혜는 욕정, 특히 네 가지 주된 욕정 — 현재의 선과 연관된 좋아함, 미래의 선과 연관된 갈망, 현재의 악과 연관된 근심, 미래의 악과 연관된 두려움 — 으로부터 해방되어 세상의 유혹과 역경 앞에서 고요히 머물러 있는 것이다. 그리스도교 전통에서는 교부들 — 안티오키아의 이그나티우스, 유스티누스, 알렉산드리아의 클레멘스, 오리게네스, 니사의 그레고리우스, 에바그리우스 등등 — 에 의해서 사용되었는데, 특히 에바그리우스는 아파테이아의 가장 위대한 스승이라 할 수 있다. 에바그리우스에 의하면 아파테이아는 감각, 감동, 혹은 느낌의 부재가 아니라, 온화와 순결에 의해서 도달한 이성적 영혼의 고요함을 뜻한다. 그것은 바로 '공격성'과 '육욕'에 대한 승리다. 따라서 아파테이아는 온갖 욕정으로부터 해방(정화)된 영혼의 내적 평정 또는 고요함을 의미한다. 일부에서는 아파테이아를 무감각, 무감동 등으로 번역하는데 이는 이 용어가 지닌 본래의 의미를 벗어난 것이라 볼 수 있다. 요한 카시아누스는 오리게네스 논쟁에 연루될 수 있는 오해의 소지 때문에 이 용어 대신 마음의 순결(puritas cordis), 사랑(caritas) 등의 용어를 사용했는데, 이는 모두 아파테이아와 같은 의미를 지닌다. T. Spidlik, *La spiritualità dell Oriente cristiano*, 248-57; P. Miquel, *Lessico del deserto: le parole della spiritualità*, 145-

71; C. Stewart, *Cassian the Monk*, 42-3 참조.
39 J. Cassian, 앞의 책 514.   **40** *The Letters of St. Jerome*, 148.
41 하느님께 나아감에서 초심자는 감각과 관능에 지배받는 동물적 단계에, 좀 더 진보한 자는 이성과 오성이 지배하는 이성적 단계에, 마지막으로 완전한 상태는 영적 단계에 있다. William of St. Thierry, 앞의 책 참조.
42 같은 책 51.   **43** M. Casey, *Sacred Reading*, 26.
44 D.S. Kleiner, *In the Unity of the Holy Spirit*, 117-23 참조; M.-F. Herbaux, 앞의 글 127 참조.
45 G. MacGinty, "Lectio Divina: Fount and Guide of the Spiritual Life", 68-9 참조.
46 E. Tobin, "The Prayer of Formative Reading", 393-5 참조.
47 윌프리드 투닝크 『평화의 길』 284-9 참조.
48 *The Wisdom of the Desert Fathers*, 30.
49 같은 책 8-9.   **50** *The Sayings of the Desert Fathers*, 168.
51 같은 책 103.   **52** W.A. Graham, 앞의 책 129 재인용.
53 *Praec.* 3, 13, 28, 36-7, 59, 60, 116, 122 참조.
54 *Pachomian Koinonia* III, 17.
55 같은 책 210.   **56** *The Works of John Cassian*, 211.
57 J. Cassian, 앞의 책 42, 56, 517, 611, 730, 834 참조.
58 *RB* 48,23: "누가 무관심하고 게을러서 … 독서나 묵상을 하려고 하지 않거나 할 수 없거든 …"(si quis vero ita neglegens et desidiosus fuerit, ut non vellit aut non possit meditare aut legere ...).
59 A. de Vogüé, "Daily Reading in Monasteries", 291-2.
60 같은 책 291 참조; D. Stanley, "A Suggested Ap-proach to Lectio Divina", 442-3 참조; M.-F. Herbaux, 앞의 글 128-9 참조.
61 J. Leclercq, 앞의 책 89-93 참조.
62 M. Sandor, 앞의 글 103 참조; D. Stanley, 앞의 글 440 참조.
63 M. Sandor, 앞의 글 101-5 참조.
64 *Pachomian Koinonia* I, 58.
65 St. Augustinus, *De Opere Monachorum*, 17.20 참조.
66 A. de Vogüé, *The Rule of St. Benedict*, 247.
67 같은 책 247 참조.   **68** *Origen*, 198-9 참조.
69 요한 카시아누스의 분류: 1) 역사적 · 자구적 의미(무슨 일이 있었는지를 가르

침); 2) 은유적 · 윤리적 의미(무엇을 행해야 할지를 가르침); 3) 우의적 의미(무엇을 믿어야 할지를 가르침); 4) 유추적 의미(무엇을 바라야 할지를 가르침). 성 아우구스티누스와 성 그레고리우스 대교황은 윤리적 측면을 특히 강조하여 윤리적 의미를 마지막 단계에 두었다: 1) 역사적 의미 2) 우의적 의미 3) 유추적 의미 4) 윤리적 · 은유적 의미. 중세의 성 빅토르의 후고는 아우구스티누스와 그레고리우스 대교황의 이런 도식을 그대로 받아들였다. *The Didascalicon of Hugh of St. Victor*, 120-1, 219 참조.

70 J. Casisan, 앞의 책 505-11 참조.

71 교황청 성서위원회 「교회 안의 성서 해석」 242-8; 정태현 편역 『성서비평사전』 211-21 참조.

72 성 카시오도루스는 이탈리아 남부 귀족 집안에서 태어나 후에 원로원 의원이 되었지만, 비잔틴 군대가 라벤나(Ravenna)를 공격하자 콘스탄티노플로 도망갔다. 귀향 후 그는 정치인으로서의 모든 것을 버리고 집터에 수도원을 세워 수도생활을 하면서 연구와 관상에 몰두했다(회심).

73 H.v. Zeller, *The Holy Rule*, 3; M.-F. Herbaux, 앞의 글 128; E. Tobin, "The Prayer of Formative Reading", 393-5; E. 토빈 「양성적 독서의 기도」(김 마리로사 역) 『코이노니아』 14, 1989 가을, 86-8 참조.

74 M. Sandor, 앞의 글 110-2 참조.

75 A. de Vogüé, "Daily Reading in Monasteries", 290 참조.

76 *The Sayings of the Desert Fathers*, 58.

77 *The Works of John Cassian*, 238.

78 D. Burton-Christie, 앞의 책 113.

79 Evagrius Ponticus, *The Praktikos and On Prayer*, 20.

80 J. Cassian, 앞의 책 56-7.   **81** M. Casey, 앞의 책 83-4.

82 *The Sayings of the Desert Fathers*, 23.

83 같은 책 227.   **84** E. Bianchi, 앞의 책 14 재인용.

85 *De Opere Monachorum*은 성 아우구스티누스가 400년경 카르타고의 주교 아우렐리우스의 요청에 의해 쓴 것으로, '수도자들의 기도와 일'에 관한 정신이 잘 나타나 있다.

86 G. Lawless, *Augustine of Hippo and his Monastic Rule*, 75.

87 "A prima hora usque ad tertiam Deo vacetur", *Early Monastic Rules*, 24-5.

88 "Quibus erit potestas legendi usque ad horam tertiam", 같은 책 72-3.

89 "Matutino dicto fratres lectioni vacent usque ad horam secundam", 같은 책 54-5.
90 베네딕도 규칙서에 따르면 모든 형제가 여름철(부활절~10월 1일)에는 제4시부터 제6시까지(RB 48,4), 겨울철(10월 1일~사순절 시작)에는 아침부터 제2시 끝까지(RB 48,10), 사순 시기에는 아침부터 제3시 끝까지(RB 48,14) 독서에 전념해야 한다. 특히 주일에는 특별한 직무(병실, 문간, 주방 등)를 맡은 형제들 외의 모든 수도자가 독서에 전념해야 한다(RB 48,22). 사순절에는 평소에 소홀했던 수행을 더 충실히 하기를 권한다(RB 49,4).
91 William of St. Thierry, 앞의 책 51.   92 M. Casey, 앞의 책 21.
93 E. Bianchi, 앞의 책 87.   94 같은 책 35.

5장

1 "meditatio masticat et frangit" (Guigues II, *The Ladder of Monks*, 69, 86, 106 참조).
2 "Meditatio est studiosa mentis actio, occultae veritatis notitiam ductu propriae rationis investigans"; "Meditatio quid appetendum sit diligentius inquirit ..." (같은 책 68-9, 79, 84, 86, 106 참조).
3 "Cogitat quantum solicitus erat in hac custodia beatus Job, qui dicebat: Pepigi foedus cum oculis meis ut non cogitarem de virgine" (같은 책 70, 88 참조).
4 "fracto alabastro suavitatem unguenti praesentire incipit nondum gustu sed quasi narium odoratu; et ex hoc colligit quam suave esset hujus munditiae sentire experientiam ..." (같은 책 71, 90 참조).
5 성 이냐시오 『영신수련』 42 참조.
6 "Meditatio quid appetendum sit diligentius inquirit ...; in secundo circumspectus ..." (Guigues II, 앞의 책 79, 83, 106, 114 참조).
7 G. Giurisato, *Lectio Divina Oggi*, 25.
8 E. Scholl, "Pondering the Word", 303; F. Ruppert, "Meditatio-Ruminatio", 81.
9 J. Leclercq, *The Love of Learning and the Desire for God*, 89; A. Böckmann, *Commentary on the Rule of St. Benedict*, 2-3; T. Fry, *RB 1980: The Rule of St. Benedict*, 467-70.
10 *The Sayings of the Desert Fathers*, 29-30.
11 C. Stewart, *Cassian the Monk*, 101-3, J. Leclercq, 앞의 책 20-1.

12 A. de Vogüé, *The Rule of St. Benedict*, 246.
13 J. Leclercq, 앞의 책 90 참조; A. Böckmann, 앞의 책 3 참조; M.-F. Herbaux, "Formation in Lectio Divina", 133-5 참조.
14 *Pachomian Koinonia* I, 86.
15 J. Kodell, "Lectio Divina and the Prayer Journal", 584 참조.
16 F. Ruppert, 앞의 글 85; F. Ruppert, "Meditatio-Ruminatio", Erbe und Auftrag 53, 86-7 참조.
17 A. de Vogüé, 앞의 책 241-2 참조.
18 김우권 외 『가축 생리학』 180; 맹원재 외 『사료 자원학』 32.
19 E. Bianchi, *Praying the Word*, 77, 107 참조.
20 공안(公案)의 예: '無' 자 공안(조주 스님에게 "개에게도 불성이 있는가?"라고 묻자, "無"라고 답함), '이 뭐꼬?', '부처란 무엇인가?', '자기란 무엇인가?', 불필 스님이 아버지 성철 스님에게 받은 '삼서근' 등. 鈴木大拙 『선불교 입문』 119-47; 석지현 『선으로 가는 길』 244-50 참조.
21 한겨레신문, 2001년 2월 9일 자 11면.
22 가도와키 가키치 『선과 성서』 148.
23 윌리엄 존스턴 『그리스도인의 참선』 79-91 참조.
24 『이름 없는 순례자』 170-1 참조.
25 Evagrius Ponticus, *The Praktikos and On Prayer*, 62, 66, 74 참조.
26 같은 책 57 참조.   **27** J. Cassian, *The Conferences*, 56.
28 스즈키 순류 『禪』 30.
29 T. Keating, M.B. Pennington, & T.E. Clarke, *Finding Grace at the Center*, 27.
30 Evagrius Ponticus, 앞의 책 71 참조; J. Cassian, 앞의 책 56-7 참조.
31 J. Cassian, 같은 책 381-2 참조.
32 허성석 「시나이의 그레고리우스 작품 안에 나타난 헤시카즘의 방법」 127 참조.
33 J. Main, "Christian Meditation Prayer in the Tradition of John Cassian", 81-2.
34 T. Keating, M.B. Pennington, & T.E. Clarke, 앞의 책 18-9.
35 허성석, 앞의 글 127-8 참조.   **36** 윌리엄 존스턴, 앞의 책 143-5.
37 J. Cassian, 앞의 책 383.   **38** 같은 책 380-2, 514-5.
39 D. Burton-Christie, *The Word in the Desert*, 123-4.
40 J. Cassian, 앞의 책 514-5.

6장

1 성 베네딕도회 왜관수도원에서는 오래전부터 Centering Prayer를 '구심(求心)기도'로 번역·사용해 오고 있다. 구심(력)은 원심(력)의 반대 개념으로, 한자말 그대로 '마음을 향한다'는 뜻이다. 따라서 구심기도란 마음의 중심으로 내려가 거기서 하느님과의 일치를 이루는 기도다. 항간에는 '향심기도'로 알려져 있기도 하지만, 여기서는 '구심기도'를 택한다.
2 M.B. Pennington, *Daily We Touch Him*, 28-32, 34-54; T. Keating, *Open Mind Open Heart*, 139, 143; T. Keating, *Intimacy with God*, 11-21, 44-5 참조.
3 T. Keating, *Open Mind Open Heart*, 138-9.
4 G. Reininger (ed.), *Centering Prayer in Daily Life and Ministry*, 20-5.
5 M.B. Pennington, 앞의 책 4-19 참조.
6 T. Keating, 앞의 책 110-1, 139-41; M.B. Pennington, 앞의 책 34-49 참조.
7 J. Main, "Prayer in the Tradition of John Cassian", 184-90.
8 존 메인은 요한 카시아누스의 『담화집』 제10권, 기도에 관한 장을 현대어로 번역하면서, 수도자들이 신·망·애 안에서 온 마음으로 반복한 "하느님 저를 구하소서, 주님 어서 오사 저를 도우소서"가 '만트라'라고 단언했다. 그러나 수도 전통에서 성경 말씀을 묵상하거나 암송하는 것이 참으로 힌두교 전통에서의 만트라와 같은 것인지에 대해서는 의문의 여지가 있다. 사실 만트라는 힌두교 전통에서 사용되던 독특한 용어다. 사전적으로 만트라는 사고의 도구, 즉 언어를 뜻하며, 신들에 대한 신성하고 마력적인 어구를 가리키는 것으로서 베다 시대부터 널리 행해졌다고 한다. 이것은 주문(呪文)·신주(神呪)·밀주(密呪)·밀언(密言) 등으로도 번역된다. 만트라는 밀교의 신밀(身密)·어밀(語密)·의밀(意密) 중 어밀에 해당되는데, 듣기에 심오하기 때문에 진언비밀이라고도 한다. 오늘날 '만트라'는 원어를 그대로 사용하는데, 이것을 많이 외우면 재액이 물러가고 공덕이 쌓인다고 한다. 이렇게 이 용어는 그 종교의 테두리 내에서 오랫동안 사용되어 오면서, 표면적인 의미 외에 드러나지 않는 여러 의미를 함축하고 있다. 그러므로 다른 종교의 용어를 빌려 쓸 경우에는 조심스럽게 검토한 후 선별해서 사용해야 한다. 자칫 잘못 전달되거나 전혀 다른 의미로 이해되어 혼동을 일으킬 수 있기 때문이다. 이런 점에서 존 메인 신부는 힌두교의 용어를 그대로 차용하면서, 용어의 일차적 확인 작업을 소홀히 했다는 인상을 준다(『담화집』 10.10.13-14 참조).
9 B. McGinn, J. Meyendorff (eds.), *Christian Spirituality* I, 406; C. Jones (ed.), *The Study of Spirituality*, 179-83.

10 Barsanuphe et Jean de Gaza, "Correspondence I Tone II", 578-9.
11 *The Sayings of the Desert Fathers*, 120-1.
12 같은 책 36.   13 같은 책 131.
14 *Christian Spirituality* I, 405-6; *The Study of Spirituality*, 177-9.
15 *The Study of Spirituality*, 176.
16 *Christian Spirituality* I, 409-10.
17 『이름 없는 순례자』 26-7, 38-9, 71-3, 169-75; 페르올로프 스죄그렌 『예수기도』 53-4 참조.
18 구심기도는 일명 '관상기도'라고도 한다. 그러나 고대 수도 전통에서 성구를 끊임없이 반복하는 것을 (관상이 아니라) 묵상이라고 한 점에서, 구심기도를 관상기도라 부르는 데는 약간의 무리가 따른다. 따라서 이 기도는 관상기도라기보다 관상을 지향하는 기도 운동이라 해야 더 정확할 것이다.
19 예수기도 첫 부분에서는 '예수'에만 초점을 맞추는데, 특별히 예수만을 강조하면 자칫 삼위일체 하느님의 모습을 소홀히 할 위험이 있다. 둘째 부분에서는 '자비'만을 청하는데, 이것만 너무 강조하면 하느님의 긍정적인 선물, 즉 사랑 · 기쁨 · 평화 · 은총 등을 소홀히 할 위험이 있다.
20 '구심기도'와 '그리스도교 묵상' 모두 편안히 앉아 눈을 감으라고 권하는데, 사실 피곤할 때 눈을 감으면 즉시 초점을 잃고 졸음에 빠질 수 있다. 반대로 눈을 완전히 뜰 경우에도 보이는 것들 때문에 분심이 든다. 그래서 불교에서는 반개 — 눈을 반쯤 뜨는 것 — 를 권하기도 한다.

7장

1 불교는 모든 이치가 둘이 아니라 하나라는 불이론(不二論)을 강조해 왔다. 힌두교 역시 정신의 높은 경지에 다다르기 위해서 육체성을 인정하고 발전시켰다. 이런 면에서 동양의 수행은 우리의 기도생활에 많은 도움을 줄 수 있다고 본다.
2 윌리엄 존스턴 『그리스도인의 참선』 93-8.
3 같은 책 36-8.   4 같은 책 137-42.
5 Evagrius Ponticus, *The Praktikos and On Prayer*, 73.
6 함석헌 『바가바드기타』 11-4 참조.
7 스즈키 순류 『禪』 14-9; 후고 에노미야 라쌀 『禪道』 96-9; 스즈키 순류 『선심 초심』 19-23; 정태혁 『명상의 세계』 30-2, 99-101 참조.
8 석지현 『선으로 가는 길』 272-3 참조.   9 정태혁, 앞의 책 32.

10 허성석「시나이의 그레고리우스 작품 안에 나타난 헤시카즘의 방법」121-2 참조.
11 윌리엄 존스턴은 호흡 중에 인위적으로 숨을 멈추는 훈련이 흉강에 강한 양압을 발생시켜 노책(怒責)이라는 현상을 초래할 위험이 있다고 지적한다. 양압이란 대기압보다 높은 압력으로, 흉부를 압박하여 심장에 영향을 미치면 정맥혈 순환 장애를 일으키고, 반복되면 순환기뿐 아니라 소화기 계통에도 악영향을 초래할 수 있다.
12 정태혁, 앞의 책 32-4.
13 정태혁 역해『붓다의 호흡과 명상』17-21, 75-7; 윌리엄 존스턴, 앞의 책 103-5; 정태혁, 앞의 책 106-7.
14 9~14세기 그리스 아토스 산에서 열심히 수도생활을 했던 이들. '예수기도'는 그들의 유산이다.
15 윌리엄 존스턴, 앞의 책 106 재인용.
16 *The Philokalia*, vol. 4, 264-5 참조.
17『이름 없는 순례자』169-70.
18 앤소니 드 멜로『하느님께 나아가는 길』40-4.
19 좌선의 방법과 효력에 대해서: 서경보『선이란 무엇인가?』59-86 참조.
20 주교회의 신앙교리위원회『건전한 신앙생활을 해치는 운동과 흐름』3.
21 부활의 라우렌티우스 수사『천주님 현존의 체험』; 김보록『기도하는 삶』109-35; 조던 오먼『영성신학』412-5.
22 조던 오먼, 같은 책 369.
23 André Louf, *The Cistercian Way*, 98.
24 윌리엄 존스턴, 앞의 책 145, 154-5.
25 윌프리드 투닉크『평화의 길』314 재인용.
26 소를 주제로 '깨달음의 여정', '내적 각성 과정'을 열 단계로 묘사한 선불화. 가톨릭 영적 여정과 비슷한 면이 많다. 장순용『선이란 무엇인가?』; 이희익『깨달음에 이르는 열 가지 시리즈』참조.

부록 1

1 Guigo II, *The Ladder of Monks*, 67-86.

참고 문헌

1. 렉시오 디비나 관련 문헌

아우구스티누스 『고백록』(최민순 역) 바오로딸 1992.

치쁘리아누스 『도나뚜스에게 · 가톨릭 교회 일치 · 주의 기도문』(이형우 역주) 분도출판사 1987.

ATHANASIUS, *The Life of Antony and the Letter to Marcellinus*, trans. Robert C. Gregg, NY: Paulist Press 1980.

BARSANUPHE et Jean de Gaza, "Correspondence I Tone II", *Sources Chrétiennes* 427, eds. François Neyt, Paula de Angelis-Noah, trans. L. Regnault, Paris: Cerf 1998.

John CASSIAN, *The Conferences*, trans. Boniface Ramsey, NY: Paulist Press 1997.

EVAGRIUS Ponticus, *The Praktikos and On Prayer*, trans. John E. Bamberger, CS 4.

Early Monastic Rules, trans. Franklin, Havener, Francis, Collegeville: Liturgical Press 1982.

GUIGUES II, *Lettre Sur La Vie Contemplative*, Sources Chrétiennes N° 163, Paris: Cerf 1970.

GUIGO II, *The Ladder of Monks*, trans. Edmund Colledge & James Walsh, CS 48.

George LAWLESS, *Augustine of Hippo and his Monastic Rule*, Oxford: Clarendon 1987.

Origen, trans. Rowan A. Greer, NY: Paulist Press 1979.

Pachomian Koinonia I, CS 45.

Pachomian Koinonia II, CS 46.

Pachomian Koinonia III, CS 47.

ST. AUGUSTINE, *The Work of Monks*, trans. Mary S. Muldowney, NY: The Fathers of the Church, vol. 16, 1952.

The Letters of St. Jerome, trans. Charles Christopher Mierow, NY: Newman Press 1963.

The Philokalia, vol. 4, trans., St. Nikodimos and St. Makarios, London: Faber & Faber 1995.

The Sayings of the Desert Fathers (The Alphabetical Collection), trans. Benedicta Ward, CS 59, 1975.

The Wisdom of the Desert Fathers (Systematic Sayings from the Anonymous Series), trans. Benedicta Ward, Oxford: SLG Press 1975.

The Works of John Cassian, A Select Library of Nicene and Post-Nicene Fathers of the Christian Church, vol. 11, trans. Edgar C.S. Gibson, T&T Clark Edinburgh 1991.

WILLAM OF ST. THIERRY, *The Golden Epistle*, CF 12.

2. 렉시오 디비나 관련 연구 자료

마이클 케이시 「렉시오 디비나의 일곱 가지 원칙」(홍 돌로레스 역) 『코이노니아』 2집.

월프리드 투닝크 『평화의 길』(김 마리로사 역) 분도출판사 1980.

Enzo BIANCHI, *Praying the Word*, trans. James W. Zona, CS 182, 1998 [『말씀에서 샘솟는 기도』(이연학 역) 분도출판사 2001].

Aquinata BÖCKMANN, *Commentary on the Rule of St. Benedict*, Rome 1977.

Douglas BURTON-CHRISTIE, *The Word in the Desert*, Oxford: Oxford UP 1993.

Michael CASEY, *Sacred Reading*, Missouri: Triumph Book 1995.

Charles CUMMING, *Monastic Practices*, CS 75, 1986.

Christopher DILLON, "Lectio Divina in the Monastic Tradition", CS 34: 3, 1999.

Charles DUMONT, *Praying the Word of God*, Oxford: SLG Press 1999.

Timothy FRY, *RB 1980: The Rule of St. Benedict*, Collegeville: Liturgical Press 1981.

Eduardo GHIOTTO, "Lectio Divina in the Monastic Community", *A.I.M.* (Monastic Bulletin) 51, 1991.

Giorgio GIURISATO, *Lectio Divina Oggi*, Abbazia di Praglia: Edizioi Scritti Monastici 1996.

William A. GRAHAM, *Beyond the Written Word*, NY: Cambridge UP 1987.

Thelma HALL, *Too Deep for Words*, NY: Paulist Press 1988.

Marie-Francois HERBAUX, "Formation in Lectio Divina", CS 17, 1982.

Dom Hesbald van HOUTRYVE, *Benedictine Peace*, trans. Leonard J. Doyle, Maryland: Newman Press, 1950.

Noreen HUNT, *Cluny under St. Hugh*, Indiana: Notre Dame Press 1967.

Terrence G. KARDONG, "The Vocabulary of Monastic Lectio in RB 48", CS 16, 1981: 3.

Dom Sighard KLEINER, *Serving God First*, CS 83, 1985.

—, *In the Unity of the Holy Spirit*, CS 115, 1989.

Jerome KODELL, "Lectio Divina and the Prayer Journal", *RFR* 39, 1980.

Ernest E. LARKIN, "A Method for Reading the Spiritual Classics", *RFR* 40: 3, 1981.

C.H. LAWRENCE, *Medieval Monasticism*, NY: Longman 1989.

Jean LECLERCQ, *The Love of Learning and the Desire for God*, NY: Fordham UP 1961.

André LOUF, *The Cistercian Way*, CS 76, 1983.

Gerard MACGINTY, "Lectio Divina: Fount and Guide of the Spiritual Life", CS 21, 1986.

John MAIN, "Prayer in the Tradition of John Cassian", CS 12, 1977.

—, "Christian Meditation Prayer in the Tradition of John Cassian", CS 13, 1978.

Thomas MERTON, *Opening the Bible*, Collegeville: Liturgical Press, 1986.

Mattias NEUMANN, "The Contemporary Spirituality of the Monastic Lectio", *RFR* 36, 1977.

David PARRY, *Households of God*, CS 39, 1980.

M. Basil PENNINGTON, *Lectio Divina*, NY: Crossroad 1998.

Daniel REES et al., *Consider Your Call*, Michigan: Cistercian Publications 1980.

Fidelis RUPPERT, "Meditatio-Ruminatio", Collectanea Cisterciensia 39, 1977.

__, "Meditatio-Ruminatio", Erbe und Auftrag 53, 1977.

Monica SANDOR, "Lectio Divina and the Monastic Spirituality of Reading", *ABR* 40:1, 1989.

Edith SCHOLL, "Pondering the Word", CS 28 (4/3), 1993.

David STANLEY, "A Suggested Approach to Lectio Divina", *ABR* 23:4, 1972.

Columba STEWART, *Cassian the Monk*, NY: Oxford UP 1998.

Eamon TOBIN, "The Prayer of Formative Reading", *RFR* 88:3.

A. VEILLEUX, "Holy Scripture in the Pachomian Koinonia", *MS* 10, 1974.

A. de. VOGÜÉ, *The Rule of St. Benedict*, trans. John Baptist Hasbrouck, CS 54, 1983.

__, "Daily Reading in Monasteries", CS 26, 1991.

Ambrose, WATHEN, *Benedict of Nursia*, CS 15:3, 1980.

__, "Monastic Lectio", *MS* 12, 1976.

Hubert van ZELLER, *The Holy Rule*, London: Sheed & Ward 1958.

Giorgio ZEVINI, *La Lectio divina nella comunità cristiana*, Brescia Editrice: Queriniana 1999.

3. 기타

가도와키 가키치 『선과 성서』(김윤주 역) 분도출판사 1985.
『가축 영양학』 부민문화사 편집부 1996.
『가축 사양학』 부민문화사 편집부 1995.
교황 요한 바오로 2세 『평신도 그리스도인』(강대인 역) 한국천주교중앙협의회 1989.
교황청 성서위원회 「교회 안의 성서 해석」(정태현 역) 『가톨릭 교회의 가르침』 1권 1996.
김보록 『기도하는 삶』 생활성서사 1988.
김우권 외 『가축 생리학』 아카데미 서적 1991.
鈴木大拙 『선불교 입문』(趙碧山 역) 홍법원 1991.
맹원재 외 8명 『사료 자원학』 향문사 1993.
부활의 라우렌티우스 수사 『천주님 현존의 체험』(성모영보 갈멜수도원 역) 경향잡지사 1961.
서경보 『선이란 무엇인가?』 명문당 1993.
석지현 『선으로 가는 길』 일지사 1994.
스즈키 순류 『선심 초심』(김호성 역) 해뜸출판사 1986.
— 『禪』(강연심 역) 불일출판사 1991.
앤소니 드 멜로 『하느님께 나아가는 길』(이미림 역) 성바오로 1987.
역대 교황들의 문헌 『사제와 신학생들에게』(박성운 역) 광주가톨릭대학 전망 편집부 1988.
예수의 데레사 『영혼의 성』(최민순 역) 바오로딸 1993.
윌리엄 존스턴 『그리스도인의 참선』(김규돈 역) 분도출판사 1996.
성 이냐시오 『영신수련』(윤양석 역) 한국천주교중앙협의회 1995.
『이름 없는 순례자』(최익철 역) 가톨릭출판사 1986.
이영소 『가축 생리학』 문운당 1992.
이희익 『깨달음에 이르는 열 가지 시리즈』 경서원 1990.
장순용 『선이란 무엇인가?』 세계사 1991.
정태혁 『명상의 세계』 정신세계사 1994.
— (역해) 『붓다의 호흡과 명상』 정신세계사 1996.
정태현 편역 『성서비평사전』 성서와함께 1996.
조던 오먼 『영성신학』(이홍근 역) 분도출판사 1987.
주교회의 신앙교리위원회 『건전한 신앙생활을 해치는 운동과 흐름』 한국천주교중앙협의회 1998.

페르올로프 스죄그렌 『예수기도』(전달수 역) 성모출판사 1994.
펠라지오와 요한 편 『사막 교부들의 금언집』(요한 실비아 역) 분도출판사 2002⁷.
함석헌 『바가바드기타』 한길사 1985.
함세웅 「알렉산드리아의 끌레멘스」 『사목』 82호 (1982. 7).
허성석 「베네딕도회」 『한국 가톨릭 대사전』 5, 한국교회사연구소 1997.
— 「시나이의 그레고리우스 작품 안에 나타난 헤시카즘의 방법」 『신학전망』 135호.
— 『하느님을 찾는 삶』 성 베네딕도회 왜관수도원 2002.
후고 에노미야 라쌀 『禪道』(이남영 외 역) 분도출판사 1974.

Jordan AUMANN, *Christian Spirituality in the Catholic Tradition*, London: Sheed & Ward 1985.

Michael DOWNEY (ed.), *The New Dictionary of Catholic Spiritu- ality*, Collegeville: Liturgical Press 1993.

V. GELLHAUS, *New Catholic Encyclopedia* IX, NY: McGraw-Hill 1967.

Cheslyn JONES (ed.), *The Study of Spirituality*, NY: Oxford UP 1986.

Thomas KEATING, *Open Mind Open Heart*, NY: Continuum 1986.

—, *Intimacy with God*, NY: Crossroad 1996.

—, M.B. PENNINGTON, & T.E. CLARKE, *Finding Grace at the Center*, Massachusetts: St. Bede 1978.

Bernard MCGINN, John MEYENDORFF (eds.), *Christian Spirituality* I, NY: Crossroad 1997.

Pierre MIQUEL, *Lessico del deserto: le parole della spiritualità*, Bese: Edizioni Qiqajon 1998.

M.B. PENNINGTON, *Daily We Touch Him*, Kansas City: Sheed & Ward 1997.

Gustave REININGER (ed.), *Centering Prayer in Daily Life and Ministry*, NY: Continuum 1988.

Thomas SPIDLIK, *La spiritualità dell Oriente cristiano*, Milano: San Paolo 1995.

TERESA of Avila, *The Interior Castle*, trans. K. Kavanaugh & O. Rodriguez, NY: Paulist Press 1979.

The Didascalicon of Hugh of St. Victor, trans. Jerome Taylor, NY: Columbia UP 1961.